DÊ UM JEITO NA SUA VIDA!

Rick Hughes

Como equilibrar trabalho e vida pessoal

ubook

Publicado mediante acordo com Kogan Page. Edição original do livro Get a life!: Creating a Successful Work-Life Balance, publicada por Kogan Page.

ubook ubk
Publishing House

PRODUÇÃO EDITORIAL	BR75 | Clarisse Cintra e Silvia Rebello
COPIDESQUE	BR75 | Adriane Lee-Wo
REVISÃO	Thaís Mesquita e Renato Biao
PROJETO GRÁFICO E CAPA	Kogan Page Limited
CAPA	Bruno Santos
IMAGEM DE CAPA	Ljupco Smokovski/Shutterstock
DIAGRAMAÇÃO	BR75 | Janaína Salgueiro

Dados Internacionais de Catalogação na Publicação (CIP)
(Câmara Brasileira do Livro, SP, Brasil)

Hughes, Rick
Dê um jeito na sua vida! : como equilibrar trabalho e vida pessoal / Rick Hughes ; tradução UBK Publishing House. -- Rio de Janeiro : Ubook Editora, 2020.

Título original: Get a life!
ISBN 978-65-87549-86-6

1. Trabalho e família 2. Vida pessoal I. Título.

20-42773 CDD-650.1

Ubook Editora S.A
Av. das Américas, 500, Bloco 12, Salas 303/304,
Barra da Tijuca, Rio de Janeiro/RJ.
CEP.: 22.640-100
Tel.: (21) 3570-8150

SUMÁRIO

PREFÁCIO

A grande questão é dar um jeito na vida

O livro de Rick Hughes, *Dê um jeito na sua vida! Como equilibrar trabalho e vida pessoal*, explora uma série de questões sobre como podemos obter equilíbrio em nossa vida profissional e pessoal. Ele nos incentiva a ter alguma perspectiva sobre o que fazemos e como fazemos, para que, ao fim do dia, tenhamos mais satisfação no trabalho sem sacrificar nossos amigos, família e relacionamentos importantes. Como Woody Allen disse, de modo bem-humorado: "Não quero alcançar a imortalidade pelo meu trabalho. Quero alcançá-la não morrendo!"

O livro está dividido em seis capítulos principais: desenvolvimento pessoal, pessoas, questões profissionais, produtividade e desempenho, bem-estar físico e psicológico e fatores práticos.

O primeiro capítulo é sobre se divertir, refletir sobre suas experiências e ter um lado espiritual na vida (não necessariamente pela religião). O segundo destaca a importância de relacionamentos na vida, com nossa família, nossos amigos, colegas de trabalho etc., mostrando que é necessário passar um tempo administrando-os, para ajudar a si mesmo e pessoas queridas. O capítulo "Questões profissionais" explora a finalidade e o significado do trabalho, como lidar com as mudanças nesse ambiente e ser mais político para alcançar objetivos pessoais.

O quarto capítulo orienta sobre como gerenciar as horas de trabalho, priorizar tarefas e conduzir as ambições. Como John Ruskin escreveu em 1851: "Para que as pessoas sejam felizes em seu trabalho, estas três coisas são necessárias: elas devem estar aptas para ele, não devem fazê-lo demais, e devem ter uma sensação de sucesso nele." Ele destaca a fundamental importância do bem-estar psicológico, de ter senso de controle e autonomia, afirmando suas necessidades, apreciando o que se tem etc. Por fim, em "Fatores práticos", Rick detalha alguns aspectos-chave de nossos ambientes físicos, gestão de finanças e envolvimento com tecnologias de informação que impactam nossa vida no trabalho e fora dele. O livro é encerrado com o capítulo "Pondo os pingos nos 'i's", apresentando reflexões a respeito do equilíbrio entre trabalho e vida pessoal.

Como o autor é um consultor experiente, ele enfatiza a importância de ir além das simples visões sobre saúde, bem-estar e equilíbrio entre trabalho e vida pessoal, e diz que todos precisamos tomar medidas práticas para transpor essa visão. Como diz o velho provérbio japonês: "Visão sem ação é um devaneio. Ação sem visão é um pesadelo."

Esta obra é, sim, sobre planos de ação para "conseguir uma vida equilibrada", mas é principalmente sobre como ter alguma "perspectiva" no trabalho e na vida. Como escreveu Leonardo da Vinci:

> De vez em quando, distancie-se e relaxe um pouco. Permanecer constantemente no trabalho diminuirá sua capacidade de discernir. Afaste-se um pouco [psicologicamente, ele quis dizer], porque o trabalho estará em perspectiva, e a falta de harmonia será mais facilmente percebida.

Todos poderíamos aprender com esse sábio conselho, como podemos aprender com a leitura deste livro.

Professor Sir Cary Cooper, CBE, ALLIANCE
Escola de Negócios de Manchester,
Universidade de Manchester

AGRADECIMENTOS

Agradeço a Debbie Dyker, Nick Edwards e ao professor Ben Martin, da Universidade de Aberdeen.

Um enorme obrigado à talentosa equipe da Kogan Page, com especiais menções a Rebecca Bush e Anne-Marie Heeney, que deram uma bela forma a este livro com uma edição perspicaz e habilidosa.

Um imenso obrigado a Kirsty, em parte porque ela é minha maravilhosa esposa, mas também por ser a primeira a opinar sobre todos os meus rascunhos.

Meus agradecimentos aos muitos clientes de coaching, aconselhamento e consultoria com os quais tive o privilégio de trabalhar ao longo de mais de 25 anos.

E um último e importante agradecimento pela flexibilidade proporcionada por meus compromissos de trabalho, o que me possibilitou um equilíbrio bem-sucedido entre trabalho e vida pessoal para pesquisar e escrever este livro.

Estudos de caso

Todos os estudos de caso desta obra, salvo exceções indicadas, foram autorizados, adaptados ou reestruturados para proteger a confidencialidade e o anonimato.

Introdução

Então você quer "dar um jeito na sua vida"?

Provavelmente você abriu este livro porque acredita que pode ou precisa melhorar o equilíbrio entre trabalho e vida pessoal. A boa notícia é que tudo isso está a seu alcance. Pode envolver aperfeiçoar ou ajustar aspectos de sua rotina ou exigir algumas decisões difíceis e mudanças consideráveis.

Você irá embarcar em uma viagem por uma série de caminhos que lhe oferecerão possibilidades. Mas, a vida é sua, e somente você pode tomar as medidas que lhe convém. Com coaching, insight e orientação, o futuro pode ser bem mais promissor.

Não há um simples "padrão", porque somos indivíduos com uma matriz de necessidades e desejos, personalidades e comportamentos únicos, moldados dentro de uma complexa teia familiar e social, em diferentes estágios da carreira, em empregos que nos são peculiares e guiados por nossos próprios valores.

Então, por onde começamos?

Em meados da década de 1980, um programa de perguntas e respostas chegou à televisão britânica. Apresentado por Bob Holness, *Blockbusters* rapidamente se tornou o favorito entre os estudantes que se entretinham com aquela distração televisiva e escapavam da árdua exigência de abrir as páginas de um livro didático (as coisas mudaram desde essa época). No programa, um concorrente selecionava, de um bloco hexagonal, uma letra do alfabeto, e Bob fazia uma pergunta de conhecimentos gerais, cuja resposta começava com aquela letra. A partir dessa simples receita, surgiu uma frase clássica, imortalizada no folclore televisivo, provocando telespectadores de diversos locais, quando um dos participantes disse: "Queria um P agora, por favor, Bob, o velho Bob deu um sorriso amarelo.*

Clara e curiosamente inspirados por este programa de TV, todos os capítulos deste livro têm pelo menos uma palavra com a letra P e por uma boa razão. É para ajudar a pregar no mastro da bandeira a palavra PERSPECTIVA. Organizar a vida e equilibrar trabalho e vida pessoal é apenas uma questão de perspectiva. É uma atitude, uma abordagem, um ponto de vista e uma mentalidade. E é uma atitude única para cada um de nós.

Lembro-me de encontrar George, um ex-executivo de multinacional que acumulou uma pensão suficiente para possibilitar sua aposentadoria mais cedo. Aos 55 anos, gostaria de continuar trabalhando, mas em uma função que lhe desse uma nova perspectiva, que lhe permitisse abrandar o ritmo, aproveitar sua vida no interior da Escócia, conhecer pessoas que ele normalmente não conheceria e contribuir para a vida dos outros. Então, ele conseguiu um emprego como motorista de entrega de um dos maiores supermercados locais e foi em seu charmoso furgão viver de estocar as casas da boa gente de Aberdeenshire.

Infelizmente, George me disse que esse era um dos trabalhos mais estressantes de todos os tempos! Ele tinha uma carga de trabalho impossível, brigava com um GPS nada confiável e, frequentemente, perdia ou ficava preso em trilhas lamacentas de fazendas. Além disso, descobriu que, quando chegava aos clientes, eles não estavam ou reclamavam das mercadorias selecionadas pela loja. Ele durou um mês nessa função.

* Em inglês, "P" e "xixi" [*pee*] são pronunciados da mesma maneira.

Já Tony, que faz a entrega das nossas compras, embora de um supermercado diferente, é motivado por clientes adoráveis como nós e ama o trabalho!

É tudo uma questão de perspectiva.

O primeiro capítulo deste livro aborda o desenvolvimento pessoal e aprofunda-se em características individuais, comportamentos, atitudes e habilidades que moldam a forma como nos relacionamos com o mundo ao nosso redor.

Depois seguimos para pessoas. Os seres humanos são criaturas sociais, e toda a nossa vida é influenciada por nossas relações mais amplas com parceiros, pais, talvez filhos, família e amigos, mais aqueles com quem trabalhamos. Diz-se que podemos escolher nossos amigos, porém não podemos escolher nossa família. Na verdade, também raramente podemos escolher nossos colegas de trabalho.

O terceiro capítulo, essencial para mediar nosso equilíbrio trabalho-vida pessoal, abrange questões profissionais: como nos engajamos, lidamos e evoluímos em nossa vida profissional. Um trabalho é muito mais do que apenas um trabalho. Para algumas pessoas, ele as define; para outras, dá-lhes uma razão para se levantar pela manhã, e o trabalho pode fornecer os caminhos financeiros para adquirirmos nossos bens.

Como fazemos nosso trabalho pode influenciar significativamente como nos adaptamos ou sofremos nele. "Produtividade e desempenho" é um capítulo importante que se concentra nas principais habilidades, as quais envolvem eficiência, planejamento e priorização. Se pudermos fazer mais com menos esforço, teremos a capacidade de escolher o que fazer com o resto do tempo.

Mas não se trata apenas de trabalho. Nossos medidores de bem-estar físico e psicológico, ou seja, nossa capacidade de funcionar, física e mentalmente, contribuem para uma sensação de resiliência e nos ajudam a administrar os altos e baixos do que a vida nos impõe. A forma como passamos por constante pressão/estresse nos permite lidar com situações com relativa facilidade... ou não.

O sexto capítulo, sobre fatores práticos, trata dos principais aspectos funcionais de nossa casa, trabalho e ambiente físico. Em um trabalho e em uma vida equilibrados, nossa atitude e nosso comportamento em relação ao dinheiro e às finanças não são ignorados. Portanto, a elaboração do orçamento e o planejamento financeiro também são tratados aqui. Claro, não podemos escapar da revolução da mídia social, da tecnologia da informação e da comunicação. Mas nossa abordagem quanto a isso pode determinar se funciona para nós... ou contra nós.

Ao fim de cada capítulo, há um sistema de medição do equilíbrio trabalho-vida pessoal que lhe dá a oportunidade de considerar áreas que requerem atenção. No último capítulo, "Pondo os pingos nos 'i's", você pode traçar a pontuação total de cada capítulo anterior para que planeje e priorize ações a fim de melhorar (e manter) seu equilíbrio.

Embora este livro procure proporcionar uma perspectiva de equilíbrio entre trabalho e vida pessoal, para que você faça escolhas e mudanças que podem melhorar sua vida, ele pode requerer PACIÊNCIA e PRÁTICA. Mas, se der um passo de cada vez, você começará a construir uma dinâmica que pode lhe lançar em uma trajetória de transformação.

A melhor maneira de começar é... começando.

01

Desenvolvimento pessoal

Descanso e relaxamento

É uma bela maneira de começar: concentrar-se em como descansamos e relaxamos. E, ainda assim, poucos conseguem identificar facilmente o que nos acalma, muito menos fazer isso de fato. Vivemos em um excesso de adrenalina, bombardeados por um ritmo de vida frenético e por uma sobrecarga visual, auditiva e de informação por demandas profissionais e familiares, de notícias e de entretenimento, smartphones e mídias sociais.

A maioria das pessoas diz que está relaxada quando está em casa com os pés para cima, vendo TV. Mas, a menos que se esteja assistindo a um documentário de suricatos, TV demais também é estressante. Gostamos de nos assustar com filmes de terror, chorar com dramas românticos melosos, ficar informados (ou deprimidos) com as notícias do dia, empolgarmo-nos com filmes de ação ou encontrar entretenimento em uma competição de dança... E, ainda assim, há estresse em muito disso. Até os suricatos passam por dificuldades na vida.

É claro que muitos de nós descobrimos que não nos concentramos totalmente no que está passando na TV, porque estamos usando tablets, autodiagnosticando nossas enxaquecas provocadas pela TV ou enviando mensagens a amigos e familiares nas mídias sociais (mesmo que eles estejam na sala ao lado). E, como discutiremos no tópico sobre mídia social (Capítulo 6), na maior parte do tempo invejamos secretamente outras pessoas que estão fingindo viver muito melhor do que nós.

Na escola, ensinam a matemática da trigonometria, a história da Grécia Antiga, a biologia da osmose ou a física da gravidade — mas quando aprendemos a descansar e relaxar? Como paramos, respiramos fundo, fazemos uma pausa e recarregamos nossas baterias?

Precisamos desobstruir, limpar e purificar nossa cabeça para que possamos esvaziar todo o lixo que guardamos lá dentro. Se não estamos recebendo estímulos externos, estamos devaneando com coisas do passado que nos arrependemos de fazer, ou de não fazer, ou estamos nos contorcendo de ansiedade com coisas que ainda não aconteceram e que podem nunca acontecer, pelo menos não da maneira dramática, negativa e catastrófica como pensamos.

Susan

Susan era uma cliente minha que veio se consultar reclamando por se sentir "estressada". Quando começamos a destrinchar o assunto, ela percebeu que "precisava estar ocupada para sentir que tinha valor", e que isso tinha desencadeado um tsunami de atividades, exigências e missões impossíveis que tiveram o efeito exatamente oposto. Ela não conseguia conquistar nada, exceto um eczema provocado pela ansiedade. Quando trabalhamos para colocá-la de volta no caminho certo e nos concentramos na autoestima, ela descobriu que a salvação veio ao compreender que não se tratava de "fazer", mas de "ser". Para ela, isso significava estar em paz consigo, e seu antídoto era procurar o que contribuía para seu descanso e relaxamento. Ela identificou que o que a ajudava era caminhar nos parques e aprender sobre plantas, ter uma aula sobre escrita criativa e nadar na hora do almoço.

Descanso e relaxamento não são, necessariamente, inatividade. Ao contrário, trata-se do que oferece uma dieta saudável e personalizada, em vez do fast-food da vida frenética.

Uma cliente a qual vi recentemente me disse que, quando se sentia estressada, tricotava usando lãs de cores diferentes. Perguntei o que ela estava tricotando, e ela explicou que não sabia... apenas tricotava sem nenhum plano, roteiro ou padrão. O resultado não era importante, mas havia se tornado sua perpétua jornada de relaxamento.

O descanso envolve encontrar um equilíbrio em comportamentos ou atividades que nos permitem relaxar, recarregar e nos reorganizar, física e mentalmente. O importante é construir isso em uma programação diária, de modo que aguardemos ansiosamente os momentos que oferecem esse relaxamento de modo estável. Mesmo o mero reconhecimento consciente de que estamos optando por fazer algo que podemos descrever como "descanso e relaxamento" (D & R) tem o efeito de nos fazer absorver os benefícios.

Ação de equilíbrio trabalho-vida pessoal

Descanso e relaxamento

Identifique o que poderia contribuir para o seu D & R. Certifique-se de que é realizável e realista dentro de sua semana de trabalho. Algumas das atividades poderiam ser:

- caminhar em volta do quarteirão na hora do almoço;
- ir à quadra de esportes ou à piscina antes ou depois do trabalho;
- reservar um tempo após o jantar para ler um livro, ouvir música ou se concentrar em seus próprios pensamentos.

As pessoas me dizem que até passar roupa ou limpar a casa pode ser catártico. Portanto, mesmo que seja uma atividade funcional, se sua mente estiver concentrada nisso como "tempo de parada", você o tratará como tal.

Em seguida, faça um plano para a semana seguinte, deixando algum espaço de manobra para se adaptar a situações inesperadas, que possam exigir que você mude sua programação.

O segredo aqui é que você só está planejando uma estratégia de D & R para uma *semana*. Isso elimina qualquer pressão para realizar ou qualquer ansiedade sobre a necessidade de estruturar isso em sua vida para todo o sempre.

No fim da semana, programe um horário para refletir sobre como se sentiu durante os últimos sete dias. Na maioria dos casos, será capaz de reconhecer o valor e os benefícios de seu tempo de D & R, o que, espero, o motivará a programá-lo novamente para a semana seguinte. Uma semana de cada vez pode, rapidamente, se transformar em meses, e, antes que você se dê conta, será sua maneira de viver.

O que acrescenta à nossa capacidade de relaxar é levar um estilo de vida saudável. É provar para nós mesmos que somos importantes, que nossa mente e nosso corpo são importantes. Isso significa cuidar do que agora é chamado de "higiene do sono", mas antigamente era apenas dormir um boa noite de sono. Muitas vezes, um bom sono é comprometido pelas luzes azuis de tablets e smartphones. Como você deve saber, isso interfere nas substâncias naturais do corpo que induzem o sono.

Além de ter uma boa higiene do sono, um estilo de vida saudável significa também fazer exercícios suficientes para manter o peso e o nível de aptidão física adequados e evitar colocar pressão indevida em nosso corpo. Também queremos manter uma dieta saudável e equilibrada. Muitas pessoas acham isso difícil demais, porque parece chato ou porque acham que não podem comer algumas guloseimas de vez em quando. Mas não entrem em pânico: o segredo é uma dieta *equilibrada*.

Cautela e viver no momento

Uma grande ameaça à D & R é que estamos sempre pensando no futuro: a reunião de pais e professores na segunda-feira à noite, a apresentação na terça, colocar o carro na garagem na quarta, o evento de aniversário da tia Mabel na quinta; a avaliação com nosso chefe na sexta... pensando em tudo, menos no que vamos ter para o chá desta noite. Nosso radar de atividades ramifica-se em nosso futuro de curto prazo e toma nossas mentes. Pode desencadear ansiedade e angústia ou uma sensação de pavor, o que é desnecessário para o que realmente está acontecendo no momento presente.

Então, se não estamos preocupados com o futuro, estamos ancorados no passado — ruminando sobre coisas que dissemos ou fizemos ou que deveríamos ter dito ou feito. Ou podemos ainda estar presos por acontecimentos difíceis, perturbadores ou traumáticos do passado que ainda não encontramos uma maneira de processar. Não se trata de forçá-los a um cofre interno escondido — embora, sem dúvida, isso possa funcionar para alguns —, e sim de suspender a intrusão desses acontecimentos para que não apareçam de maneira desnecessária em nossa vida diariamente. Há um tempo e um lugar para tudo, e viver no passado não muda o que aconteceu.

Uma parte fundamental do equilíbrio trabalho-vida pessoal é encontrar o tempo para estar presente. Isso pode exigir disciplina e prática, mas vale muito a pena o esforço — *porque funciona.* Envolve bloquear pensamentos ou conversas internas e a mente em espiral.

Um de meus colegas conselheiros, Sha'yo Lai, integrou filosofias orientais e ocidentais para desenvolver uma abordagem cuidadosa da vida diária. O mindfulness deve muito de suas origens aos ensinamentos budistas como forma de desenvolver sabedoria e autoconhecimento. Ele envolve trazer uma conscientização ou uma atenção focada em nossos pensamentos, sentimentos e sensações corporais em relação ao mundo que nos rodeia no momento. É um meio de nos conectarmos e nos enraizarmos no presente de maneira a embelezar e enriquecer a mais ínfima das experiências.

Ação de equilíbrio trabalho-vida pessoal

Mindfulness

O método simples envolve prestar atenção em seus sentidos: o que você vê, ouve, toca, cheira e prova. Você pode fazer isso em uma sala tranquila ou em qualquer lugar onde se encontre sozinho, mesmo em seu carro ou indo a pé para uma reunião.

Primeiro, entre em um estado relaxado, monitorando e controlando sua respiração. Inspire pelo nariz. Segure por quatro segundos e depois expire pela boca por seis segundos. Faça isso algumas vezes e notará que sua respiração lenta e constante começará a relaxá-lo e a diminuir seu ritmo cardíaco.

Em seguida, passe, conscientemente, alguns momentos absorvendo o que está ao seu redor:

- O que você vê ao seu redor? As cores, as formas, os contrastes ou as conexões visuais.
- Foque no que você ouve — não apenas o que é imediatamente audível, mas o ruído de fundo, as sirenes, os pássaros, as risadas ou conversas, o aquecedor central ou o ar-condicionado, um tique-taque do relógio, um avião passando ou o chão rangendo.
- Atente ao que você sente — a temperatura, a sensação de sua pele ou suas mãos, a sensação e a sensibilidade.
- O que você consegue cheirar? Consegue identificar quais são os cheiros e se eles representam uma mistura? À medida que se movimenta, consegue sentir o cheiro das mudanças em seu ambiente?
- E, por fim, o sabor. Qual foi a última coisa que comeu, e ainda sente o sabor na boca ou como é o gosto do seu café? Na sua próxima refeição, sinta o sabor em vez de apenas engolir a comida o mais rápido que puder.

Tudo isso ajudará a orientá-lo no presente. Se você quiser dar um passeio, procure o que normalmente não procuraria. Olhe para cima e a seu redor. Abra sua mente. Abra seus sentidos.

Roger

Roger, diretor de uma empresa farmacêutica, tem o luxo de ter sua própria sala. A cada almoço, ele fecha as persianas, silencia o telefone e passa quinze minutos conectando-se conscientemente com seus sentidos. Ainda que seja a mesma sala, ele me explicou que há sempre algo de novo na experiência. Esse pequeno exercício torna possível relaxar, pensar sobre o dia, estar no momento e refrescar a mente para a tarde que se aproxima.

Aceitação e compromisso

Alinhada à prática do mindfulness está a ideia de não lutar com pensamentos intrusivos, desordem mental e distrações. Elas são o que são. Muitas vezes, acreditamos que não temos controle sobre nossos pensamentos — porém são apenas pensamentos, e *podemos* dominá-los e substituí-los por outros.

Grande parte do conflito que existe dentro de nós é a luta entre um pensamento crítico ou de julgamento e uma parte racional que está tentando desafiar tal negatividade. Aceitando que ambos podem coexistir, reduzimos a tensão do conflito nessa luta cognitiva.

Quando sentimos uma dor física, tomamos algum remédio ou vamos até nosso médico e procuramos seus sábios conselhos para contornar a situação. Resistimos à dor porque achamos que ela é ruim. Mas a dor tem uma função importante: avisar sobre um ferimento ou para tirarmos o pé do acelerador. A sociedade desenvolveu essa fixação de que a medicina nos curará de todas as enfermidades, mas a primeira coisa que os médicos aprendem é "não piorar a situação"... Em outras palavras, às vezes, a primeira ou melhor coisa que a medicina ocidental fará é *nada*. Nem sempre é assim que vemos isso! A medicina não pode resolver tudo. E, apesar de suas habilidades e de seu compromisso, os médicos nem sempre podem nos consertar. Assim que assumimos alguma responsabilidade por nossa própria saúde e bem-estar, libertamo-nos da necessidade, talvez impossível, de não sentir dor. E o mesmo pode se aplicar à saúde mental ou à dor psicológica.

Naturalmente, o alívio da dor em diferentes formas pode ser fundamental em situações que o exijam, como em dores físicas crônicas debilitantes ou dores psicológicas pós-traumáticas. Entretanto, há fortes evidências de pesquisa que, tanto na dor crônica quanto no trauma psicológico, uma estratégia de aceitação pode ajudar a resistir à batalha para mitigar os efeitos. Aprendemos a conviver com ela, aceitando-a.

As estratégias de aceitação são importantes para desenvolver um equilíbrio entre trabalho e vida pessoal. Às vezes, estaremos girando pratos demais ao mesmo tempo, com exigências que nos são impostas, excedendo nossa capacidade de lidar com isso. O equilíbrio vem do reconhecimento desse conflito e da aceitação de que ele se mostra temporário ou que um passo de cada vez para fazer mudanças incrementais pode ser tudo o que é necessário.

Gregor

Gregor era um executivo de vendas bem-sucedido em uma empresa de materiais de escritório. Era ótimo em se relacionar com os clientes e fantástico no trato individual, identificando as necessidades de modo personalizado e encontrando uma forma centrada no cliente para atender a tudo isso. No entanto, quando tinha que fazer apresentações para mais de um punhado de pessoas, sua ansiedade o fazia corar, sua voz e suas mãos tremiam. Ele se odiava por isso e expressava uma enorme frustração por estar totalmente bem em uma situação e instável em outra.

Quando trabalhamos isso e procuramos aceitar as diferenças que estavam causando o conflito interno, ele descobriu que era capaz de racionalizar os motivos para essa diferença de comportamento. Ele passou seu discurso público de um estilo que falava "com" sua audiência em vez de "para" ela, mas que também aceitava a ansiedade normal e positiva que lhe permitia manter o foco no que era importante.

Nem sempre conseguiremos resolver algo que está nos inibindo. Combatemos o imbatível, determinados a encontrar uma solução. Ainda assim, talvez a batalha possa ser vencida aceitando-se as inibições. Esse é um aspecto crucial para observarmos e amarmos quem somos. Sempre haverá alguém mais inteligente e mais bonito do que nós, melhor em apresentar ou gerenciar, com habilidades sociais que sonhamos ter e tão capazes de lidar com situações estressantes que nos encantam. Bom para eles. Mas não somos eles. Aceitar-nos, com o bom e o ruim, permite-nos resistir à teimosia de sermos perfeitos, o que, de qualquer modo, é impossível.

Don

Don estava na casa dos cinquenta anos quando veio se consultar comigo. Agitado e nervoso, começou falando sobre a crise de meia-idade momentos depois de sentar-se. Ele estava resistindo aos sinais de envelhecimento com todo tipo de loções e produtos, gastando uma pequena fortuna nesse processo. Quando terminou de falar, fiz uma pausa para resumir sua situação. Mas, antes de poder condensar o que tinha ouvido, vi seus olhos desviarem-se dos meus para o topo da minha cabeça, para a entrada no cabelo que estava recuando, que agora era tudo o que restava do cabelo da minha juventude, uma linda cabeleira. Eu sabia o que ele queria dizer e sorri. E, em meu sorriso, ele reconheceu que, em uma idade semelhante à dele, eu não estava combatendo a queda de cabelo ou disfarçando-a com algum penteado ridículo. Eu a aceitei. Ele riu e, assim, começou sua jornada de aceitação. Não precisei dizer muito durante aquela sessão: meu cabelo, ou falta dele, falava por mim.

Criatividade pessoal

Como vimos no último tópico, podemos nos beneficiar com o fato de aceitar como as coisas são e não lutar com um "problema" que nunca poderemos resolver. Mas não se trata apenas de aceitar e não fazer nada. Há muito que *podemos* fazer para transformar nossa vida — sobretudo em relação a um equilíbrio entre trabalho e vida pessoal.

Tomemos a criatividade, por exemplo. Todos nós temos rios de criatividade dentro de nós, mesmo que muito disso seja direcionado a nosso trabalho. O que perdemos com isso é a habilidade mais ampla da parte criativa que pode florescer ainda mais em nossa vida fora do trabalho. Como a maior parte do que abordamos neste livro, ser bem-sucedido equilibrando trabalho e vida pessoal nem sempre se trata de dividir os domínios de trabalho e não trabalho de nossa vida, mas de reunir os dois e possibilitar que um alimente e nutra o outro.

Paul

Paul me procurou sentindo-se apático em relação ao trabalho e sem motivação e inspiração. Quando perguntei sobre sua vida fora do trabalho, ele explicou que era um gamer experiente; na verdade, estava entre os cinquenta melhores jogadores do mundo naquele jogo de computador em particular. Eu convidei-o a identificar as características do que ele sentia como jogador e ele incluiu palavras como "conexão", "respeito", "profissionalismo", "aptidão" e "entusiasmo". Perguntei o que precisaria acontecer para que essas palavras fossem associadas ao trabalho, e ele apresentou um conjunto de maneiras realistas para que isso pudesse acontecer. Uma vez que começou a ver dessa maneira, aquela única sessão foi suficiente para entender como sua criatividade fora do trabalho poderia, de repente, dar um pontapé inicial em sua vida profissional.

Anne

Do outro lado da moeda, lembro-me de que Anne tinha acabado de sobreviver a uma ameaça de ser mandada embora do trabalho. A possibilidade de perder o emprego a fez confrontar a ideia de que não tinha nada e não era nada sem ele. Isso a fez perceber a necessidade de construir sua *persona* fora do trabalho. Assim, em poucas sessões, ela se percebeu apaixonada por fazer livros de colorir para adultos, algo nunca percebido antes.

No trabalho ou não, como aumentar os lampejos criativos e liberar uma parte não reconhecida? Você saberá quando tiver encontrado algo, pois não vai querer parar de fazer isso. Você não tem que ser um especialista, mas precisa ter prazer. A simples apreciação do momento acrescentará mais uma camada à sua tapeçaria de equilíbrio trabalho-vida pessoal.

Vi a criatividade florescer em tantos estilos de vida... O jardim do meu vizinho que deixa o meu no chinelo. O amigo gerente do centro de caridade local que é capaz de cuidar tão bem de tantas coisas em um espaço tão pequeno. Os vários artesãos locais que lançam seus produtos no mercado da região, inclusive um que parece pagar o financiamento de sua casa fazendo elaboradas bolsinhas bordadas de flores...

No trabalho, vejo a criatividade na forma como as pessoas resolvem os problemas. Ou me admiro com o modo como os palestrantes on-line podem resolver um problema de forma tão sucinta. E até a criatividade que os políticos empregam para responder de modo hábil a uma pergunta sem realmente dar uma resposta.

À medida que você começa a considerar onde sua criatividade pode estar, sua descoberta pode levar a várias tentativas e a algumas reviravoltas equivocadas. Aos dez anos, pensei que tivesse a capacidade criativa de pegar um clarinete e tocar uma bela música. A resposta do gato lá de casa fugindo indicou o contrário.

Mas se trata de dar uma oportunidade às coisas. Mesmo que algo não funcione para você, pode abrir caminho para uma possibilidade que funcione (embora eu tenha descoberto, desde então, que não tenho potencial criativo com nenhum instrumento musical!). O que quer que façamos, precisamos aproveitar.

Um dos melhores lugares para começar é pensar nas coisas que você gostava quando era criança. Ou olhe ao redor e veja o que as outras pessoas estão fazendo. No mercado de produtores que visitei recentemente, tive uma conversa fascinante com uma pessoa que vendia mel de urze. O homem falou sobre seu trabalho alimentando as abelhas, cuidando das colmeias e levando-as para os remotos vales de Highland Glens para encontrar os focos de urze. Parecia um verdadeiro esforço de colaboração com a natureza. Essa conversa realmente repercutiu em mim, resgatando de minha infância a fascinação por insetos e animais rastejantes, junto com as lembranças do *hobby* apícola de meu avô, alimentando suas colmeias.

A criatividade não se limita às coisas que "fazemos", mas é a forma como nos aprofundamos em um processo criativo. Muitas pessoas gostam de fazer parte de clubes de leitura, nos quais o grupo escolhe um livro e depois discute o que ele significou para cada um quando se encontram. Isso diz respeito a uma interpretação criativa, em que todos trarão algo diferente para a mesa.

Grande parte da criatividade tem a ver com autointerpretação, expressão e criação de um significado por trás de uma perspectiva. Uma colega minha participa de um grupo mensal de "colagem", em que pega revistas para selecionar imagens a fim de fazer um mosaico e elaborar alguma mensagem pessoal ou obra de arte. Outro é violinista de uma banda *ceilidh* escocesa em que cada membro faz uma variação diferente das peças de dança tradicional.

A criatividade também envolve a resolução de problemas, que podem fazer parte da vida no trabalho ou além dele. Mais uma vez, como aprendemos a ser criativos transcende fronteiras. Desse modo, a capacidade de ser criativo em um domínio muitas vezes varia bastante.

John trabalha como engenheiro mecânico consertando caminhões, porém, direcionou sua habilidade para resolver problemas de modo criativo com uma equipe de resgate de golfinhos, desenvolvendo dispositivos hidráulicos de flutuação infláveis. Da mesma maneira, Fraser trabalhou com grupos de jovens encontrando formas criativas de manter o comparecimento na escola, o foco e o entusiasmo, e tal experiência o ajudou no trabalho de gerenciamento de equipes de voluntários para uma instituição de caridade.

Do ponto de vista do equilíbrio trabalho-vida pessoal, a criatividade também pode ser experimentada por meio do "tempo ocioso", como o deslocamento de ida e volta para o trabalho. Em vez de ver isso como perda de tempo, de distração nas mídias sociais, ou ficar ouvindo manchetes de notícias e reportagens sobre o trânsito, há a oportunidade de ser criativo. No meu caminho para o trabalho, estou tentando aprender português. Recentemente, fiquei grato por me ver soltando um palavrão nessa língua quando um motorista me fechou no trânsito.

Outros aproveitam o tempo ocioso como uma oportunidade de estar atento, aceitando tudo como parte do aqui e agora.

Aventura e entusiasmo

A criatividade não precisa parar nos *hobbies* ou nos passatempos. Ela pode evoluir para a aventura e o entusiasmo. Se fizermos o que sempre fizemos, teremos o que sempre tivemos. Isso significa que, se não forçarmos nossos limites, tentarmos coisas novas e assumirmos riscos, não experimentaremos os altos que a vida pode oferecer. É claro que isso também pode nos expor a riscos, ameaças e sentimentos de vulnerabilidade — mas, se pudermos aceitá-los como parte do que é necessário para colher os benefícios das novas experiências, geralmente vale bem a pena.

Alguns podem ser avessos ao risco e escolher as opções mais seguras. Não há nada de errado com isso. Mas, de vez em quando, todos precisamos de um leve empurrão para o desconhecido para nos sentirmos mais vivos e experimentar algo novo. Alguma aversão ao risco pode vir de coisas que já tentamos antes e obtivemos um resultado ruim. Ou de uma atitude de julgamento de alguém importante para nós. Ambos podem ser cessados pela gestão do risco ou por ponderações.

Aventura e emoção não se limitam a remar pela Amazônia em uma canoa, embora eu não tenha dúvidas de que isso seria tanto aventureiro quanto emocionante — desconsiderando minha péssima habilidade de natação. Mas se trata de ultrapassar nossos limites e nos tirar da zona de conforto.

Nos últimos anos, tem havido o fascínio de criar uma "lista de desejos": as ambições e as buscas que talvez queiramos experimentar antes de morrer. As pessoas que conheço que elaboraram essa lista descobriram que estavam continuamente se renovando e acrescentando itens a ela. Uma grande experiência parece impulsionar a ambição para algo mais e novo. Ela se torna um constante renascimento de aventura, emoção e ímpeto.

Max

Alguns anos atrás, Max marcou uma sessão comigo por sua frustração com o que descreveu como introversão. Ele era programador de informática, e, por isso, seu mundo de trabalho não envolvia muita interação social ou aventura. Sua "imobilidade" surgiu da frustração — não tanto por ser introvertido, mas porque ele se sentia preso e queria se "libertar". Desenvolvemos um diagrama, muito parecido com uma "lista de desejos", de todas as coisas que ele acharia empolgantes e emocionantes, independentemente de sua capacidade ou custo. A ideia era expandir sua habilidade de experimentar. Ok, então sua vontade de caminhar na Lua nunca se concretizaria... Mas muitas de suas outras ambições ofereciam uma centelha de esperança.

Esse trabalho com Max me permitiu ver o valor em "pensar grande", porque abre o que pode ser uma porta fechada de oportunidades. A verificação de se será mesmo possível pode vir mais tarde, mas, por enquanto, deve-se pensar no sonho impossível. Encontrei Max alguns anos depois, e ele me lembrou de alguns de seus sonhos. Um deles era ir pescar em alto-mar. Isso nunca aconteceu — mas ele acabou pescando em um barco a remo em lagos escoceses e se deparando com uma nova espécie de peixe de água doce. Max me mostrou, orgulhoso, a foto dele e de seu amigo peixe com o nome da nova espécie em um cartão ao lado.

Quando conversamos pela primeira vez, também refletiu sobre sentir-se estagnado por nunca ter saído de sua pequena cidade. Ele sonhava viajar pelo mundo. Desde então, aproveitou uma incrível oportunidade de voluntariado na Tailândia, cuidando de um tipo de macaco cujo nome eu jamais lembrarei. Mais recentemente, mudou-se para a Dinamarca com seu companheiro e estava trabalhando criando sites. Max, antes paralisado pela introversão, tinha assumido riscos e usado seu ideal de sonhos para se lançar em novas oportunidades e experiências surpreendentes.

O que Max acabou fazendo pode *parecer* uma exceção à regra — mas contesto isso. Como disse na introdução, é tudo uma questão de perspectiva.

Coisas incríveis podem vir de lugares inesperados.

Em minha primeira, embora curta, carreira trabalhei em uma agência de publicidade na Escócia, atuando em contas que não me davam nenhuma emoção ou satisfação real. Comecei a ficar frustrado com o que sentia ser a comercialização de persuadir as pessoas a comprar algo de que não precisavam.

Então, pouco antes de desistir, a agência fechou um contrato com um herói meu, Jackie Stewart, o tricampeão de Fórmula 1. Para um jovem rapaz, fã de carros, isso soou como um sonho tornado realidade. Resistindo ao impulso de deixar o emprego, fui com tudo nessa ideia. O objetivo era promover a Jackie Stewart Shooting School no mundialmente famoso Hotel Gleneagles e envolvia várias reuniões com ele para trabalhar no projeto.

Lembro-me de que uma dessas reuniões foi em sua suíte no hotel, em um domingo de manhã, com o Grande Prêmio de Mônaco passando na TV em segundo plano. De vez em quando, ele pulava da cadeira e repreendia um erro de direção particularmente estúpido. Eu teria pagado um bom dinheiro só para viver isso.

De qualquer modo, criamos um material promocional realmente eficaz. Jackie me agradeceu muito por isso, me levando (bem, o piloto dele que me levou, no caso) em seu jato particular até a cidade de Milton Keynes, onde sua equipe do Grande Prêmio estava, para um "jantar" do patrocinador. Uma experiência surpreendente surgiu do meu profundo desespero.

Assim, o contrato chegou ao fim, a conta foi fechada e deixei a agência para uma nova carreira como consultor. Foi tudo de bom para todos os envolvidos. (Eu gostaria de dizer que tenho o número pessoal de Jackie na agenda... mas não tenho. Se você estiver lendo isto, muito obrigado, Jackie!)

Reconheço que Jackie não vai oferecer a todos esse tipo de experiência. Eu estava no lugar certo, no momento certo, e tive muita sorte. Mas todos nós podemos tocar o barco, como Max literalmente fez em sua aventura de pesca, fazer algo diferente e novo que nos proporcione uma experiência enriquecedora. E o incrível é que, muitas vezes, são as coisas em que tropeçamos por acaso que nos oferecem as oportunidades mais inesperadas.

É nesse ponto em que se encontra nosso equilíbrio trabalho-vida pessoal. Experiências enriquecedoras podem surgir tanto de oportunidades de trabalho quanto fora dele. Trata-se de estar aberto a elas e arriscar. Uma das frases de sabedoria que minha avó compartilhou comigo foi: "É melhor ter amado e ter sofrido do que nunca ter amado." Isso se refere não apenas a amor e relacionamentos, mas também a assumir riscos e sair da zona de conforto. Apesar das considerações de risco à saúde e à segurança, o que é o pior que poderia acontecer? O que você poderia ganhar? E quão incrível pode se sentir depois?

Etapas, mudanças e eventos da vida

Ao traçar sua "lista ou diagrama de desejos", sem dúvida, você estará considerando suas capacidades com base em sua idade e suas habilidades. Conforme envelhecemos, muitos perderão atributos físicos, mas ganharão perspectiva e sabedoria. Poderemos nos tornar um pouco mais avessos ao risco, mas teremos mais poder financeiro e, com ele, mais opções. Poderemos perder a atitude despreocupada da juventude, mas ganharemos em confiança e direcionamento.

Não podemos fugir da passagem do tempo e do impacto das experiências de vida. À medida que envelhecemos, acumulamos experiências variadas, boas e ruins. Cada uma terá impacto em nossa avaliação de risco e responsabilidade. No entanto, elas não devem frustrar a ambição, a oportunidade ou o potencial. A vida tem o hábito de nos lançar traumas inesperados. É irrealista pensar o contrário. Mas é a forma como lidamos, processamos, aprendemos e seguimos em frente que nos ajuda a desenvolver uma resiliência para o futuro.

O equilíbrio entre trabalho e vida pessoal está em constante mudança, e precisamos calibrá-lo em vista das alterações que ocorrem a nosso redor.

Refletir sobre como lidamos com as mudanças passadas (ou não) nos permite ficar atentos a reveses futuros. O uso da Auditoria da etapa de vida, a seguir, pode nos ajudar a considerar como lidamos com as mudanças e como podemos nos preparar para as fases futuras.

Ação de equilíbrio trabalho-vida pessoal

Auditoria da etapa de vida

Pense nas etapas de sua vida até agora e identifique quaisquer eventos importantes, traumas, conflitos ou outras crises que possa ter vivenciado. (Se optar por escrever isso, não precisa mostrar a ninguém nem se justificar — qualquer experiência que tenha tido um impacto em você conta). Considere:

- Como resolveu ou conseguiu superar tal experiência? Houve uma resolução?
- O que aprendeu com ela? Que conhecimentos adquiriu?

Quando tiver considerado cada etapa da vida até a atual, pondere as fases da vida que virão:

- Que conflitos, ameaças ou crises podem surgir em cada etapa da vida? (Tente ser realista e encontre um equilíbrio entre o excesso de otimismo — nada voltará a incomodá-lo! — e o pessimismo — você está condenado, e a vida nada mais é do que estresse daqui para a frente!)
- Que oportunidades vê acontecendo em cada etapa futura?

Com qualquer mudança na etapa da vida, experimentamos perdas e ganhos. É importante reconhecer, observar e aceitar ambos. Podemos nos lembrar de nosso primeiro dia na escola primária com um misto de expectativa e pavor: perdendo um pouco da segurança de casa, mas estabelecendo um novo momento de socialização. Na faculdade, na universidade ou em nosso primeiro emprego, embora tenhamos perdido a ordem estruturada da escola, podemos ter ganhado maior responsabilidade. Nos relacionamentos, ganhamos amor e companheirismo, mas também devemos aprender a trabalhar com nosso parceiro, em vez de agir de forma independente em algumas situações.

No trabalho, cada promoção ou mudança de emprego significa que perdemos um pouco da familiaridade das tarefas e dos colegas, mas elas também oferecem novas potencialidades e oportunidades.

É importante refletir sobre perdas e ganhos, pois eles nos ajudam a equilibrar a realidade das experiências de vida e seu impacto sobre nós. Ignorar uma perda significa negar uma possível necessidade de processar e marcar essa transição, assim como no luto pela perda de um ente querido. Da mesma maneira, ignorar um ganho significa perder a alegria que ele traz, a satisfação de uma realização ou a celebração da felicidade.

Andrew e Sally

Andrew e Sally vieram se consultar comigo para aconselhamento de casal. Quatro anos após o casamento, os dois sentiram que estavam chegando a um ponto de incompatibilidade, provocando-se e geralmente buscando oportunidades para irritar ou culpar o outro. Chegou ao ponto em que, de férias na Grécia, eles não conseguiram concordar em nada para fazer juntos. Então, saíram para fazer suas próprias coisas — Sally querendo tirar um dia para ver a Acrópole e Andrew preferindo ler um livro na piscina do hotel.

No aconselhamento, percebemos que, na busca por formar uma unidade, ambos tinham ignorado seus interesses e necessidades individuais. Assim, sentiam-se frustrados. Andrew e Sally aprenderam a aceitar suas diferenças de personalidade e motivações, percebendo a importância de encontrar espaço e independência dentro de suas experiências compartilhadas como casal. Conseguiram aprender e desfrutar de suas diferenças em vez de se sentirem divididos por elas.

Os eventos da vida terão um enorme impacto em nosso equilíbrio entre trabalho e vida pessoal. O luto por alguém próximo a nós pode gerar mudanças em nossos valores e crenças. Podemos descobrir que, por meio do luto, nos concentramos em nossa própria mortalidade e nas escolhas que estamos fazendo naquele momento.

Nicky

Quando Nicky me procurou para obter aconselhamento depois que a mãe morreu de câncer, ela havia superado o choque inicial da perda, mas estava em uma fase mais reflexiva de questionar tudo na vida. "O que é importante mudou", explicou. Seu trabalho como comerciária era sua vida, e ela adorava o cargo de supervisora que batalhara ardua-

mente para conseguir. No entanto, o luto a levou a refletir sobre a família, como havia adiado o sonho de ter um filho e negligenciado seus sobrinhos. Ela mudou o equilíbrio entre trabalho e vida pessoal: permaneceu no emprego, mas criou tempo para si e para a família, além de incentivar sua equipe a fazer o mesmo. Sua própria mudança nas prioridades de equilíbrio entre a vida profissional e a vida familiar também trouxe benefícios para seus colegas.

Inteligência emocional

A barreira para encontrar um equilíbrio entre trabalho e vida pessoal pode ser uma habilidade ruim, ineficaz ou mal compreendida de comunicação. Expressamos mal o que queremos dizer ou distorcemos o que ouvimos, então a comunicação falha. A exatidão da comunicação cria uma economia de tempo. Passamos de A a B mais rapidamente.

Escuta ativa (e habilidades de comunicação)

A habilidade de ouvir, de *realmente* escutar, é difícil. O ideograma chinês para o verbo "ouvir" reúne qualidades que envolvem ouvir, pensar, ver, focalizar e sentir. Isso nos ajuda a entender que ouvir é mais do que apenas escutar e envolve muito mais do que podemos considerar. Da próxima vez que ouvir alguém falar com você, reflita sobre até que ponto está engajado nessas competências.

Há muitas coisas que podemos fazer para demonstrar que estamos ouvindo, mas não se trata de fingir: as pessoas sabem quando não estamos sendo reais e transparentes. Isto é parte da arte de ouvir: temos que nos engajar ativamente.

Pode ser uma experiência estranha falar com alguém que olha para você, imóvel, sem expressar nenhum reconhecimento do que está dizendo. Tente com alguém. É desconcertante! A maioria aprende a adotar o processo de "incentivo mínimo", em que fazemos ruídos de

apoio para que a outra pessoa saiba que estamos acompanhando-a, mas sem interromper seu fluxo. Respondemos com coisas como "uhum", "hmm", "entendi", "ah" etc. Geralmente, complementamos tais afirmações com outras não verbais, como um sorriso, um gesto, uma inclinação da cabeça, espelhando os trejeitos de quem está falando, franzindo levemente a testa para indicar concentração etc.

Uma maneira eficaz de demonstrar que você entendeu o que foi dito, ou de buscar esclarecimentos, é responder de volta o que ouviu. Isso pode envolver parafrasear as palavras e incluir qualquer significado ou emoção por trás delas. Se alguém diz "fiquei muito estressado depois daquela reunião", você pode pegar uma essência mais subconsciente ou nuances mais profundas do que a pessoa falou respondendo "percebi que aquela reunião realmente frustrou você, não ocorreu como planejado". Você ressonou uma compreensão mais profunda do "estresse" sentido por aquela pessoa.

As perguntas abertas possibilitam ao destinatário expandir sua resposta em oposição às perguntas fechadas que tendem a obter um "sim" ou "não" como resposta. Uma pergunta fechada também pode direcionar uma resposta desejada. A pergunta "você está estressado?" pode ser bem-intencionada a partir de uma simples observação do comportamento de alguém, mas também pode se apresentar como uma insinuação, um julgamento ou uma opinião. Enquanto isso, o questionamento mais aberto "como você está se sentindo?" permite ao destinatário uma escolha sobre como responder e com o quê. Perguntas com "por quê?" podem às vezes ser interpretadas como julgamento: "por que você está estressado?" Palavras tais quais "como" e "o quê" podem ser interrogativas mais suaves: "como estão as coisas?" ou "como tem passado recentemente?".

Quando você está gerenciando uma situação no trabalho ou em casa, resumir uma perspectiva esclarece sua compreensão e reúne as questões-chave. Isso pode ser particularmente útil quando uma conversa está se tornando mais acalorada. Embora todos precisemos expressar nossas frustrações de vez em quando, é importante escolher o momento e o lugar certos para isso. Ao resumir os

pontos-chave do que alguém falou, pode-se demonstrar que o ouviu e que ele pode esclarecer se você tiver entendido mal alguma coisa.

Pode ser apropriado, em algumas circunstâncias, desafiar a outra pessoa com quaisquer inconsistências quanto ao que ela está dizendo, pensando, sentindo ou fazendo. Uma pessoa pode lhe dizer que está calma, tranquila e despreocupada, mas sua linguagem corporal pode lhe dizer o contrário (músculos faciais tensos, punhos cerrados, testa transpirando etc.). Isso pode necessitar ser tratado delicada e sensivelmente, usando seus ouvidos, coração, mente, olhos e atenção para ouvir, tal como no ideograma chinês.

Ação de equilíbrio trabalho-vida pessoal
Escuta ativa

Uma maneira divertida de praticar a "escuta ativa" é o exercício diádico. Com outra pessoa, um de vocês conversa com o outro durante cinco minutos. O ouvinte não deve usar nenhuma palavra, apenas demonstrar sua escuta não verbalmente. Em seguida, troquem de lugar. É difícil!

Mensagens verbais

O que dizemos e, mais importante, como dizemos pode ter um impacto significativo no equilíbrio entre a vida profissional e a vida pessoal, pois nos permite navegar nas águas turbulentas da comunicação de forma mais eficaz. Eu diria que pelo menos um terço do que dizemos ou ouvimos incorretamente contribui para o estresse no trabalho — que provavelmente levaremos para casa, onde pode preocupar nossos pensamentos e alimentar nossas ansiedades ou frustrações. Quanto melhor pudermos dizer o que queremos, maior será a probabilidade de conseguirmos o que buscamos ou precisamos. A maioria dos conflitos provém da comunicação ruim e ineficaz, e, embora não queiramos ser muito robóticos, pensar antes de falar pode economizar tempo no esclarecimento.

Há diversas maneiras de dizer as coisas. O segredo é ser capaz de dizer a coisa certa, da maneira certa e no momento certo. Isso pode levar tempo e prática. Vale a pena observar e compreender o que dizemos e como isso pode ser interpretado de modo que talvez não pretendamos. Há várias formas de expressarmos as coisas. Algumas podem ser mais apropriadas em um contexto do que em outro, dependendo do que esteja ocorrendo. O fundamental é a intenção. Queremos dizer ou pretendemos dizer o que dizemos? A seguir estão algumas das formas como podemos dizer as coisas:

- dirigir e liderar — assumir o controle de uma situação e orientar o foco;
- julgar — apresentar-se como julgador, opinante ou crítico;
- aceitar — observar ou compreender o outro ou o que ele diz;
- avaliar declarações — comentar com opinião acusatória ou carregada de prejulgamentos;
- ter empatia — imaginar-se no lugar do outro;
- acusar — muitas vezes, apontar e culpar, imerso em raiva ou frustração;
- ter postura moralizante — apresentar seus próprios valores usando a perspectiva do outro;
- rotular e diagnosticar — achar que temos a habilidade de entender tudo, quando não temos;
- escutar respeitosamente — estar atento ao outro, com respeito;
- não aceitar — não concordar com as perspectivas do outro e priorizar as de si mesmo;
- falar para preencher o silêncio — fazer ruídos para manter a conversa, como “hmm”, “é...”, “o que eu estava falando mesmo?” etc.;
- buscar afirmação — como “você sabe o que quero dizer?” ou “está entendendo?”;
- aconselhar ou ensinar — educar a partir de uma posição de maior sabedoria ou especialização;
- menosprezar — fazer um comentário condescendente ou depreciativo, carregado de desdém;

- interpretar excessivamente — exagerar na busca para atribuir significado ou entendimento;
- interromper — pular para outro assunto antes que outros tenham terminado de falar;
- interrogar — fazer questionamentos excessivos ou desnecessários além do que é apropriado;
- fazer paralelismos — comparar sua experiência com a do outro, fazendo a sua história parecer mais interessante ou importante;
- incorporar um personagem — fingir autenticidade e transparência com gestos exagerados.

Provavelmente, você terá uma série de observações adicionais relativas às trocas verbais. Muito disso surge da experiência de vida, ao conhecer diversas pessoas, mas também da intuição ou "resposta instintiva" que nos ajuda a sentir além do que os nossos sentidos nos permitem. Podemos sentir quando algo não está certo ou quando o que alguém diz não coincide com o que sentimos. Essa incongruência emerge da inteligência emocional que desenvolvemos ao longo de nossa vida.

Regulação emocional

O modo como administramos, engajamo-nos ou projetamos nossas emoções tem um tremendo impacto em nosso equilíbrio entre trabalho e vida pessoal. Ser mais "inteligente" emocionalmente nos ajuda a mediar os fluxos e os refluxos da vida, em casa e no trabalho. Por outro lado, as falhas nesses gatilhos emocionais podem ter consequências para nós e para aqueles com quem nos relacionamos.

Uma base fundamental dessa regulação é a capacidade de compreender nosso próprio repertório pessoal de emoções ou de linguagem e, ao fazê-lo, compreender os outros. Em outras palavras, ter empatia de maneira eficaz e precisa.

A utilização de nossa caixa de ferramentas emocionais exige que desenvolvamos uma busca consciente e sistemática de autocompreensão. Como acessamos nossas emoções e quando? Como e por que respondemos dessa forma? Será que reagimos sem pensar, espontaneamente, ou fazemos uma pausa, refletimos, reunimos as evidências e expressamos uma resposta emocional pensada? Para muitos de nós, às vezes é a primeira opção — porém a regulação emocional está mais de acordo com a segunda.

Raiva

A raiva é uma emoção primordial para nos alertar sobre ameaças e perigos iminentes — embora seja, provavelmente, a emoção contra a qual mais lutamos. Muitos de nós nos afastamos do que percebemos como "conflito" e, ao fazê-lo, resistimos ao direito que talvez tenhamos de expressar ou afirmar a "raiva". Isso pode ser influenciado pela cultura e pela forma como percebemos que a sociedade normaliza ou permite nossa expressão de raiva. E pode ser ainda mais distorcido por questões do passado que acendem "sinais vermelhos" ou ativam nossos gatilhos. Em outras palavras, podemos reagir não por causa da questão aqui e agora, mas porque temos questões não resolvidas relacionadas à raiva. Além disso, podemos projetar nossa raiva, inadvertidamente, sobre as pessoas erradas ou mesmo projetar questões que nos irritam sobre os outros. Isso pode se complicar.

Rhona e Ralph

Lembro-me de trabalhar com Rhona, uma dona de casa, mãe de dois meninos de onze e doze anos. Seu marido, Ralph, trabalhava muito, mas fazia o que podia para reunir forças e realizar "coisas de família" quando estava em casa. Ralph expressou preocupação sobre como ele percebia que Rhona estava ficando muito irritada com os meninos e havia sugerido terapia. Um pouco resistente no início, Rhona achou que não havia nada errado com ela. Esta também era a minha opinião:

não havia nada errado com ela. Em nosso trabalho, ela admitiu que era "um pouco exagerada", às vezes descontando nas crianças. O que emergiu foi um ressentimento mais profundo com relação a Ralph e o que Rhona percebeu como sua liberdade no trabalho, enquanto ela ficava cuidando do lar e dos filhos. Ela projetava seu ciúme em Ralph, além de sua frustração por perder sua antiga carreira por causa das crianças. Quando conseguiu discernir seus gatilhos emocionais, pôde conduzi-los mais apropriadamente.

Vocabulário de emoções

Assim como o conceito de "estresse" — o que posso considerar "pressão" pode ser sentido como "estresse" para outra pessoa —, o modo como interpretamos as emoções pode diferir entre todos nós. Pode ser útil considerar a semântica e investigar o significado que damos e a percepção que temos de determinada emoção.

Nosso vocabulário de emoções nos dá opções para definir melhor o que estamos experimentando, emocionalmente, em certo momento. Dê uma olhada na Tabela 1.1 e veja se alguma das palavras engloba melhor ou apresenta uma definição mais precisa de uma emoção em determinado momento. Não tiraremos esse gráfico do bolso e apontaremos uma classificação específica sempre que "ficarmos emocionais", mas vale a pena refletir sobre escolhas e opções.

Ação de equilíbrio trabalho-vida pessoal
Intensidade emocional

Considere o grau de intensidade emocional em seu repertório ou vocabulário de expressões. A identificação da intensidade mais precisa permite que nos regulemos emocionalmente e expressemos um significado mais apropriado.

Tabela 1.1 Vocabulário de emoções

	RAIVA	FELICIDADE	MEDO
Alta intensidade	Colérico	Extasiado	Aterrorizado
	Furioso	Eufórico	Paralisado
	Inflamado	Animado	Petrificado
Média intensidade	Aborrecido	Exultante	Receoso
	Irritado	Otimista	Assustado
	Rancoroso	Bem-disposto	Nervoso
Baixa intensidade	Incomodado	Cordial	Ansioso
	Desapontado	Contente	Tenso
	Preocupado	Satisfeito	Apreensivo

Isso indica que temos três graus de intensidade emocional: forte, médio e leve. Por exemplo, quando estamos com raiva, poderíamos nos descrever como "enfurecidos" (forte), "irritados" (médio) ou "preocupados" (leve). Essa classificação de intensidade pode ajudar a construir um significado mais preciso de nossas emoções — o que, por sua vez, pode nos dar opções sobre como responder e reagir.

Espiritualidade, religião, crença e fé

Pela perspectiva de equilíbrio entre trabalho e vida pessoal, se temos uma fé, uma religião, uma crença, precisamos encontrar tempo para nos dedicarmos a lugares e momentos de adoração ou oração e nos voltarmos para um "modo de ser" mais amplo na forma como optamos viver. Podemos agendar momentos específicos ou, como no caso do mindfulness, agarrar os poucos momentos necessários para encontrar essa conexão ou esse espaço pessoal.

Podemos viver sem espiritualidade, religião, crença e fé? Possivelmente. Muitos leitores afirmarão que fazem isso e ainda levam uma "boa vida". De fato, o antigo bispo de Edimburgo, dr. Richard Holloway, afirma em seu livro *Godness Morality* [Moralidade sem Deus, em tradução livre] que o derradeiro triunfo de todas as religiões poderia ocorrer se as pessoas escolhessem não apenas ser espiritualizadas, religiosas, crentes ou provedoras da fé, mas também contribuíssem ativa e positivamente para uma sociedade solidária, estável e amorosa.

Ali

Ali me consultou quando estava no último ano na universidade, estressada com seus exames finais e ansiosa sobre o que deveria fazer ao terminar os estudos. Enquanto trabalhávamos em algumas estratégias de gerenciamento de ansiedade e de estudos, ela aludiu à sua fé como sendo um forte guia para sua maneira de ser. Conseguiu despojar parte de sua ansiedade pelo futuro em cima da crença de que seu deus a ajudaria a encontrar "seu caminho". Isso imediatamente a ajudou nos estudos e reforçou a estabilidade derivada de sua fé.

Jacquie e Sally

Quando o marido de Jacquie morreu, ela sentiu como se tivesse perdido uma parte de si, sem a pessoa com quem havia compartilhado cinquenta anos de casamento. Uma "descrente", como disse, encontrou conforto, senso de comunidade, companhia e nova fé na igreja local que passou a frequentar.

No entanto, quando trabalhei com Sally após seu divórcio, ela sentiu que suas crenças religiosas a tinham aprisionado em uma relação psicologicamente prejudicial. Para ela, a noção de divórcio era considerada um "pecado" e, portanto, inaceitável. Ela deixou o marido e entrou no que poderia ser descrito como um modo de vida mais humanista, no qual era capaz de respeitar diferentes religiões enquanto se divorciava também de sua antiga fé "restritiva" (suas palavras).

Como consultor e coach, trabalho para capacitar meus clientes a encontrar suas próprias soluções e realizar as mudanças que buscam, ou seja, assumir algum controle sobre uma situação que pode parecer não oferecer controle algum. Entretanto, às vezes, a fé, a religião, a crença ou a espiritualidade de uma pessoa podem proporcionar uma sensação de paz, aceitação e felicidade — mudando nossa perspectiva sobre uma situação, mesmo quando assumir o controle não é apropriado ou realizável.

Estratégia "dar um jeito na vida": desenvolvimento pessoal

O sistema da tabela a seguir aplica-se a cada tópico discutido neste capítulo e baseia-se em sua percepção pessoal sobre a presença de uma deficiência, um desequilíbrio ou uma necessidade... ou não. Todos são diferentes. Portanto, não há certo ou errado; apenas considere as lacunas que existem em você.

A pontuação usa um índice percentual para autoavaliação de 0 a 100, com 0% referente a necessidades totalmente *não atendidas* e 100% equivalente a necessidades totalmente *atendidas*. Some os totais percentuais e divida o resultado pelo número de tópicos, para verificar a porcentagem total deste capítulo. Ao fim do livro, terá um total percentual correspondente a cada capítulo, dando-lhe espaço para considerar onde precisa priorizar a ação.

Se algum tópico for irrelevante para você, ignore-o e reduza o número de tópicos que dividirá.

	Tópicos	Porcentagem de necessidades atendidas atualmente %
1	Tempo suficiente para descanso e relaxamento	
2	Cautela e viver no momento	
3	Aceitar situações à medida que elas ocorrem	
4	Expressão da criatividade	
5	Aventura e entusiasmo	
6	Capacidade de gerenciar eventos da vida	
7	Inteligência emocional	
8	Espiritualidade, religião, crença e fé	
Pontuação total do Capítulo 1 (de 800%): "Desenvolvimento pessoal"		
Divida essa pontuação total por **8**		
Pontuação percentual total (de 100%) para o Capítulo 1		

Para visualizar melhor, trace um ponto no diagrama do radar (Figura 1.1) com a mesma escala percentual: 0% para necessidades totalmente não atendidas até 100% para necessidades totalmente atendidas. Você pode, então, unir os pontos para formar um radar e obter uma pista visual que ajudará a identificar as lacunas em suas necessidades.

O desenvolvimento pessoal é um contínuo aprendizado e redescobrimento de nós e de quem estamos nos tornando. Os fluxos e os refluxos serão influenciados por eventos de trabalho e vida pessoal, e, embora não sejamos capazes de controlá-los, podemos controlar a maneira como respondemos e reagimos a eles.

Figura 1.1 Desenvolvimento pessoal

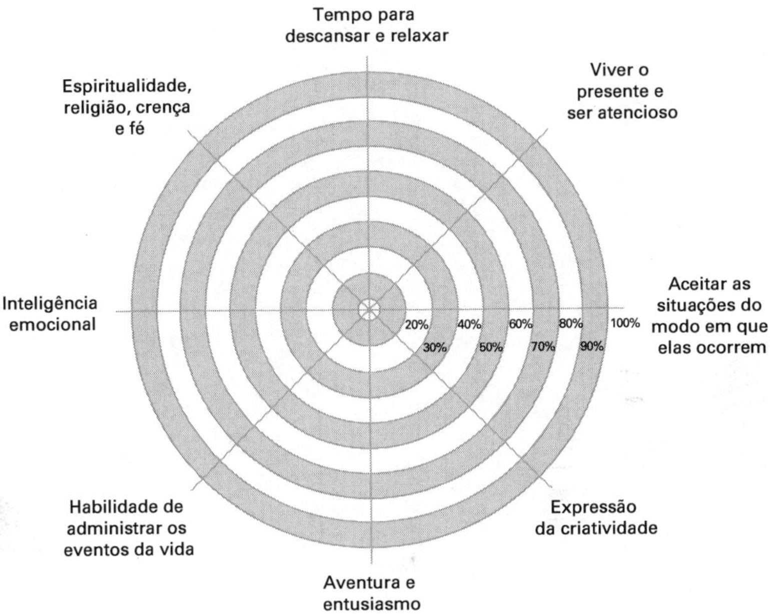

O próximo capítulo analisa as pessoas e como nosso equilíbrio trabalho-vida pessoal está inexoravelmente ligado às relações que temos em nosso mundo.

02

Pessoas

Eu, meu parceiro e romance

Encontrar tempo para nós mesmos e nossas relações próximas é central para construirmos o equilíbrio certo entre trabalho e vida pessoal.

Relações saudáveis e enriquecedoras contribuem para nosso bem-estar geral e nos permitem ter um foco positivo e organizado, tanto no trabalho quanto em nossa vida pessoal. O oposto disso são relações pessoais disfuncionais, prejudiciais e perturbadoras que podem nos distrair de nosso trabalho. Relações tensas no próprio trabalho também podem fazer com que fiquemos ruminando-as quando chegamos em casa. Gerenciar relacionamentos em casa e no trabalho é fundamental para um equilíbrio bem-sucedido entre trabalho e vida pessoal, que, quando funcionam bem, tornam-se um facilitador crucial para esse equilíbrio.

Não há uma definição ideal certa ou errada para qualquer relacionamento ou um grau ideal de intensidade ou intimidade procurado ou expresso. Todos somos diferentes, assim como nossas necessidades. O importante é que prestemos atenção às necessidades de relacionamento bidirecional — nossa conexão com os outros e a deles conosco —, para que possamos garantir que o tempo e o esforço suficientes estejam sendo investidos e nossas necessidades não estejam sendo ignoradas.

Estar solteiro

Primeiro, vamos analisar o ato de estar solteiro. Todos nesta terra começam como uma pessoa solteira, e várias pessoas muito felizes e funcionais permanecem solteiras por longos períodos de tempo, por escolha ou não. No entanto, há uma percepção comum de que o modo "normal" de vida é estabelecer um relacionamento com alguém que é lindo, que nos satisfaz o tempo todo de todas as maneiras possíveis, que nunca discute conosco ou nos critica, que gosta de estar com nossas famílias e amigos, que ganha uma fortuna, mas também passa muito tempo com nossas crianças lindas e bem comportadas. A "sociedade", incluindo amigos e família, muitas vezes parece inferir que você só pode ser feliz se estiver em um relacionamento; que permanecer solteiro indica alguma deficiência ou confusão sobre a orientação sexual.

Embora ambos possam ser verdade, muitas pessoas escolhem priorizar a si mesmas (gostam da independência e da autonomia de estarem solteiras), concentrar-se em seu trabalho (não há espaço para um relacionamento), concentrar-se em seus filhos (como pais solteiros atarefados), buscar realizar suas ambições (não encontraram a pessoa certa para elas), permanecer com suas memórias (como viúvas e viúvos), manter sua saúde mental (após relacionamentos abusivos no passado), e assim por diante.

Você provavelmente precisa ser feliz consigo antes de poder dar o melhor de si em um relacionamento. Estar solteiro nos dá o campo de treinamento perfeito para lidar com questões do passado, permitir que nos tornemos autoconscientes, emocionalmente inteligentes e atentos aos fatores desencadeadores de nossas tensões, assim como aprender a construir relacionamentos com outras pessoas com empatia, compaixão e autoconfiança apropriadas.

Dedicar tempo a nós mesmos inclui muito do que discutimos no Capítulo 1: desenvolver autoconhecimento, habilidades e competências pessoais, bem como entender como nossas necessidades e desejos se encaixam com os dos outros. O Capítulo 5 aborda o bem-estar físico e psicológico. Portanto, mais tarde, abordaremos o autocuidado e as habilidades de lidar com eventos da vida. Mas este capítulo trata de nós em relação a nós mesmos e aos outros.

Podemos ter relações muito próximas, envolvidas e dedicadas com os outros e permanecer solteiros. Pense em algumas de suas amizades mais íntimas e vai entender o valor dessas conexões. A questão para a pessoa solteira é o grau em que permanecemos solteiros por escolha ou porque estamos priorizando outros aspectos de nossa vida.

O trabalho pode se tornar um oásis de distração para nossas relações pessoais. Podemos nos sentir necessários, apreciados e até amados no trabalho, em um paralelo próximo a uma relação pessoal. Mas algumas pessoas são sugadas por essa distração e, depois de alguns anos, descobrem que estão totalmente por fora sobre como conseguir um parceiro ou que o relógio biológico está mudando as prioridades, em especial em se tratando de ter filhos (se for nossa escolha). Mais uma vez, a questão não é desafiar o ato de estar solteiro. O desafio é levar-nos a considerar nossas necessidades, que pode ser permanecer solteiro.

Caso decidamos "sair por aí" para buscar o potencial de um novo relacionamento pessoal, é fundamental administrar percepções e expectativas.

Se você não sabe quem é (suas necessidades, desejos, esperanças, sonhos, crenças, valores etc.), como outra pessoa vai conseguir resolver isso? Como eles vão entender quem você é?

Nick

Nick tinha se apresentado como ansioso, deprimido, obcecado em como os outros o viam e sem qualquer senso de sua própria criatividade, paixão, ímpeto e conexão. Ele tinha lido muitos livros de autoajuda e tinha um mapa externo de "como ser", mas pouco senso de quem realmente era. Trabalhamos no "Quem sou eu?", uma ferramenta que eu já havia desenvolvido antes, para mapear um mosaico de perfil pessoal, para que ele pudesse começar a se ver no papel e depois integrar isso em seu senso de si mesmo.

Fazer um conjunto de dez perguntas ajudou a abordar essas questões, concentrando-se no que ele tinha (embora, na maioria das vezes, escondido ou negado), não no que não tinha.

Ação de equilíbrio trabalho-vida pessoal

A ferramenta "Quem sou eu?"

A ferramenta "Quem sou eu?" constrói um mosaico de perfil pessoal feito sob medida para cada indivíduo, fazendo algumas perguntas simples. Para Nick, foram estas as perguntas:

- O que o faz gargalhar sozinho?
- O que melhor contribui para sua felicidade?
- O que acha que os amigos mais gostam em você?
- Como se expressa de forma criativa e com que frequência faz isso?
- O que fez por último para ajudar outra pessoa e por quê?
- Qual é sua maneira favorita de se acalmar e relaxar?
- Quem mais o inspira e por que escolheu essa pessoa?
- De que sente mais orgulhoso e por quê?
- O que mais o empolga na vida e por quê?
- De que mais gosta em si e por quê?
- Pense nestas questões, acrescentando ou removendo qualquer uma que possa te ajudar a construir o próprio mosaico de perfil pessoal.

Ao longo dos anos, vi muitas pessoas atraídas para o mundo dos encontros on-line. Não só lutamos para escrever perfis que acreditamos nos fazer valer a pena conhecer, mas mesmo quando o fazemos, pode ser difícil quando vemos os perfis dos outros: parece sempre haver alguém com melhores atributos do que nós. É deprimente, mas é a vida. O namoro on-line é válido quando faltam oportunidades de encontro em outros lugares, mas o conselho é ter cautela para não cair na fantasia de buscar o relacionamento perfeito. É deste modo que os sites de relacionamentos ganham dinheiro: atraindo aqueles que perseguem o sonho. Isso não é para desvalorizá-lo ou para desencorajá-lo de considerar o que é importante para você em um relacionamento; pelo contrário, trata-se de manter um controle da realidade.

Harry

Harry veio me ver quando percebeu que sua vontade de subir na carreira jurídica havia afastado sua necessidade de estar em um relacionamento. Mas a luta não era a respeito de estar pronto para um relacionamento; era mais sobre o medo e a ansiedade absolutos que isso gerava dentro dele. Ele estava "enferrujado" e, como disse, "se sentindo como um jovem de treze anos novamente". Ele não tinha problemas em conhecer pessoas em vários sites de relacionamento, mas ficou paralisado assim que conheceu alguém por quem se sentiu atraído. Ele estava preso com todos os "autos" no negativo: autoconfiança, autoafirmação, autocrítica, e assim por diante.

O que ajudou Harry foi ir a cada encontro com uma mentalidade levemente ajustada; ele se concentrava em construir uma conexão, fascínio e interesse pela outra pessoa, pondo o foco nela, não nele. Desse modo, acabou com a fixação sobre como poderia ser considerado por aqueles que viria a conhecer, e isso lhe permitiu ser mais ele mesmo: a pessoa tagarela, envolvente e afável que era.

Os seres humanos são criaturas sociais — precisamos estar em relacionamentos, com outros e com nós mesmos. Um grande impedimento para relações futuras... são as relações passadas. Trabalhei com inúmeros clientes, ao longo dos anos, que escaparam de relacionamentos abusivos (psicológico, físico ou sexual), e cada jornada de recuperação e cura é única e complexa. O tema comum, porém, é o desejo ou a necessidade de dar sentido ao que aconteceu e de "seguir em frente". Podemos ficar presos em antigas relações traumáticas, abusivas ou manipuladoras — quer tenha sido com um parceiro, quer tenha sido chefe ou colega no trabalho. Não podemos controlar como alguém pode ser ou se comportar nem podemos mudar o que já aconteceu, mas *podemos* ter algum controle sobre como isso nos afeta e como respondemos à mudança de situações para construirmos um futuro melhor. Embora seja comum e natural sentir alguma culpa ou responsabilidade associada às ações de outros (o que pode então nos deter no trabalho e no resto de nossa vida) — não podemos ser responsáveis por essas ações. Só podemos ser responsáveis por nós mesmos.

Relações nocivas: ajuda e apoio

É claro que nem todas as relações nocivas estão no passado. Ainda tenhamos olhado um pouco para como relacionamentos passados podem ser impedimentos para relações futuras, a triste realidade é que muitas pessoas permanecem em relacionamentos difíceis ou abusivos, sentindo-se presas, perdidas ou obrigadas a permanecer. Analisaremos algumas maneiras de refletir sobre a saúde e o equilíbrio em seu relacionamento. Mas, se sente que isso descreve sua situação, eu o encorajo a procurar apoio — de amigos e familiares, de programas de assistência aos funcionários de seu trabalho, de um terapeuta ou de um dos serviços indicados aqui:

- Namoro Legal — http://www.mpsp.mp.br/namorolegal/
- Serviços públicos especializados no atendimento à mulher — https://bit.ly/2Q7OR09

Começar e manter um relacionamento

Se estamos em uma relação romântica, muitas vezes há um período de "lua de mel", quando tudo tem perfume de rosas. Estamos entusiasmados, apaixonados, a paixão entra em ação e estamos no céu. Esperamos que muito disso permaneça conosco durante todo o relacionamento. E esperamos também aprender a evoluir e consolidar nossa relação com os aspectos mais normais e rotineiros da vida. As relações, talvez de maneira um pouco óbvia, envolvem pelo menos duas pessoas, o que significa que existem pelo menos dois segmentos iguais. Cada um tem cinquenta por cento de responsabilidade na relação. Um desequilíbrio pode ocorrer quando um está se doando desproporcionalmente mais do que o outro. Às vezes, isso é necessário e apropriado por um curto período de tempo. Mas, se isso permanecer no longo prazo, o ressentimento, o estresse ou a apatia podem se infiltrar.

Conciliando relações secundárias

Em um relacionamento de duas pessoas, temos duas carreiras e dois conjuntos de pais (sogros), familiares e amigos. Há diversos fatores que precisam ser conciliados, concessões a serem feitas e relacionamentos adicionais a serem cultivados. No equilíbrio entre trabalho e vida pessoal, talvez precisemos considerar e encontrar tempo para a família e amigos de nosso parceiro. Podemos ter a oportunidade de participar de eventos felizes, como aniversários e celebrações. Pode haver também períodos difíceis, envolvendo acidentes, doenças e eventos traumáticos. Conquanto também possamos ser emocionalmente afetados quando isso acontece com os amigos ou a família de nosso parceiro, talvez precisemos encontrar uma forma de apoiá-lo.

Férias

Quer se trate de um feriado estendido, quer se trate de nossas férias anuais, as férias, em geral, podem ser fonte de tensão em relação às famílias e aos amigos. Convidamos ou não? Isso envolve sua família e seus amigos ou a família e os amigos de seu parceiro? Existe um desequilíbrio ao visitar um conjunto de amigos e familiares e o outro não? Nós os vemos o suficiente, ou talvez os vejamos demais e queremos uma pausa deles?

Refletir sobre essas questões e discutir com o parceiro é importante, porque as férias desempenham um papel significativo no equilíbrio entre trabalho e vida pessoal: elas representam uma chance para recarregarmos nossas baterias e termos uma merecida pausa na rotina de trabalho. Entretanto, se elas envolverem reuniões familiares estressantes ou conflitos com outros, é provável que acabemos loucos para voltar ao trabalho.

Relacionamento "estável"

Quando a euforia da "lua de mel" passa, costumamos dizer que estamos "em um relacionamento 'estável'". O problema com esse termo é que ele sugere a chegada de um momento no qual entramos em um padrão ou rotina e seguimos com nossa vida. As relações são mais como plantas — mesmo rosas. Precisamos nutrir, regar e cuidar delas. Do contrário, podem murchar ou nos morder como uma planta carnívora.

Como Andrew e Sally descobriram durante as férias na Grécia, mencionadas no Capítulo 1, as necessidades pessoais mudam, e o equilíbrio no relacionamento requer ajustes. Concessões têm que ser feitas. Se tudo for unidirecional, torna-se desequilibrado. Algumas relações funcionam dessa forma, e muito bem, porque isso foi previamente comunicado e acordado. Essas situações têm menos a ver com desequilíbrio e mais com papéis e responsabilidades distintas.

Ken e Laura

Ken e Laura tiveram várias carreiras: Ken era músico freelancer e Laura criava os filhos. Ele voltou a estudar para se tornar professor e, depois, virou diretor. Ela o apoiou nesse segundo cargo como a "esposa do diretor", assumindo funções que o auxiliavam. Ambos concordaram, planejaram e trabalharam com esses papéis definidos para apoiar um ao outro. Esse era o formato do relacionamento. Pode não funcionar para todos, mas funcionou para eles.

O que ambos os casais conseguiram foi um modo de entender como a relação funcionava a partir da combinação de suas vontades e personalidades. Mas é preciso esforço e atenção. Como parte de nosso bem-sucedido equilíbrio entre trabalho e vida pessoal, essa é uma área que se beneficia de deliberação.

Uma das ferramentas que desenvolvi para ajudar os clientes a refletir sobre seus relacionamentos é um modelo de Auditoria de relacionamento. Esse modelo surgiu quando realizei uma consultoria em coaching de relacionamento nos anos 1990. Uma versão comparável, mas diferente, desse modelo foi publicada em outro livro.[1]

Para qualquer etapa de um relacionamento, pode ser útil, como parte de nosso equilíbrio entre trabalho e vida pessoal, compreender a situação atual: onde estamos, o que precisa ser melhorado agora e o que pode precisar de atenção em breve. Aqui está um exercício para tentar.

Ação de equilíbrio trabalho-vida pessoal

Auditoria de relacionamento

A Auditoria de relacionamento deve ser feita individualmente, mas os resultados serão compartilhados e discutidos entre os dois. Acrescente algumas perguntas extras que você acha que precisam ser feitas sobre seu relacionamento:

- Quais são os cinco atributos mais importantes que ama em seu parceiro?
- O que considera garantido em seu parceiro?

- Como passa tempo de qualidade com seu parceiro?
- Quando mais gosta de estar com seu parceiro?
- Quais são as coisas que mais irritam sobre seu parceiro?
- Como e quando demonstra amor por seu parceiro?
- Como pode melhorar sua relação sexual com seu parceiro?
- Como filhos, amigos e família impactam seu relacionamento (positiva e negativamente)?
- Como pode melhorar a comunicação e o entendimento em seu relacionamento?
- Até que ponto seu relacionamento se encaixa em seu equilíbrio trabalho-vida pessoal?
- Como pode apoiar mais e incentivar seu parceiro?
- Que eventos futuros podem desafiar ou impactar seu relacionamento?
- O que pode dizer ou fazer para melhorar seu relacionamento?

Embora uma auditoria de relacionamento seja apresentada aqui para focalizar nossas relações mais próximas e pessoais, pode ser prudente refletir sobre os aspectos positivos e negativos nas relações de trabalho, talvez sem as questões mais íntimas. Ambas têm um impacto comparável no equilíbrio de nossa vida porque podem operar de forma isolada ou criar angústia e estresse que distraem.

Separações

E quando as relações românticas chegam ao fim? Bem, vale a pena mencionar que a ruptura de um relacionamento pode ser devastadora. Pode ter a mesma sensação de um luto, afetando quem somos e nossa maneira de viver. É necessário tempo para lidar com isso.

Dedicar-se ao trabalho pode ajudar algumas pessoas, porém para outras é necessário dar um passo atrás, reestruturar-se, recarregar baterias e cuidar de si mesmo. Isso precisa ser levado em conta em nosso equilíbrio atual. Talvez seja necessário tirar um tempo para cuidar de si, procurar aconselhamento com pessoas que possam lhe oferecer o que precisa.

Exigências e necessidades dos filhos

Todos os pais aspiram a ser perfeitos. Começamos com a intenção de ser o melhor dos melhores, e geralmente acabamos buscando a mera sobrevivência! O segredo é ser "bom o suficiente". Isso é mais real e alcançável.

É quase um mistério como qualquer pessoa cria um equilíbrio bem-sucedido entre trabalho e vida pessoal enquanto concilia as exigências das crianças — e ainda assim isso pode ser feito. Como tantos aspectos do equilíbrio entre trabalho e vida pessoal, cada um de nós terá nossa própria matriz complexa de variáveis, recursos e oportunidades que terão impacto nisso. Alguns podem ser capazes de encontrar tempo com acesso ao serviço de creches ou babás, ou utilizar a ajuda de pessoas dispostas e familiares capazes, e assim por diante. Ou podemos acabar carregando a carga extra de um parceiro que, na melhor das hipóteses, não ajuda, e, na pior, absorve nosso tempo como uma criança a mais. Ou podemos ser um pai ou mãe solteiros e precisamos equilibrar inúmeros papéis e responsabilidades. Nunca é fácil.

Muitas vezes, é útil diferenciar *nossas* necessidades das de nossos filhos, pois elas podem ser diferentes ou conflitantes. Crianças podem parecer e se comportar como versões miniatura dos pais, mas ainda são crianças. Elas precisam de amor, carinho, orientação, estrutura, conselho, apoio, educação, inspiração, rotina, elogios, motivação, encorajamento... a lista continua e pode mudar a qualquer momento. Em uma situação, podem precisar de reconhecimento empático e simpatia; em outras, de disciplina e limites. Quer estejamos em um emprego remunerado, quer trabalhemos como pais em tempo integral, precisaremos encontrar tempo para atender às diferentes necessidades ao longo da infância de nossos filhos.

Larry

A primeira infância de Larry parecia estar repleta de diversão familiar. Com dois irmãos, havia sempre muito o que fazer, jogos para brincar e atividades para desfrutar. Ele apresentava características de perfeccionismo intenso: sentia a necessidade de alcançar as melhores notas, ser feliz o tempo todo, administrar problemas de maneira perfeita e ser um indivíduo exemplar. Sua realidade refletia o mito do perfeccionismo, o que é impossível e cria uma espiral negativa contínua de incompletude. Larry sentia que sempre era esperado que seu irmão mais velho fosse o "sensato", e era tratado pelos pais (na opinião de Larry) como sábio e maduro. O irmão mais novo era o "bebê", portanto — mais uma vez, de acordo com a percepção de Larry — recebeu atenção especial. Larry sentia-se ignorado, e isso forjou sua necessidade de ser perfeito, provar seu valor e "brilhar".

Mas precisa funcionar nos dois sentidos. Pais e responsáveis também precisam de tempo livre e podem se sentir arrastados em todas as direções pelas necessidades das crianças. Trata-se de conseguir um equilíbrio que convenha a todos, reconhecendo que se não tirarmos um tempo para descansar e relaxar, vamos nos esgotar e não seremos muito úteis para nossos filhos. "Negociação e dedicação" foi como um amigo definiu o trabalho de criar os filhos. Todos queremos uma vida fácil, mas às vezes podemos tornar as coisas difíceis para nós mesmos ou gerar estresse quando não é necessário. Talvez não precisemos vencer todas as batalhas. Talvez precisemos admitir nossos erros quando algo dá errado.

Hora de brincar

O planejamento de atividades divertidas, estimulantes ou envolventes pode ajudar o desenvolvimento de uma criança. Pode envolver a prática de esportes após a escola, escotismo, aulas de teatro/dança ou qualquer uma de muitas opções — quem quer que tenha inventado os adesivos "bebê a bordo" provavelmente já se aposentou e está nas Ilhas Maldivas. Também há muito que nós mesmos podemos fazer, incluindo dias na praia ou em museus, ou apenas brincar com jogos de tabuleiro dentro de casa. Trata-se de reservar tempo para o relacionamento e permitir que a criança se desenvolva, aprenda e cresça (em todos os sentidos).

É necessário que haja um grau de reciprocidade sobre o tempo de brincadeira, de modo que nem tudo seja dirigido às crianças. Pode se tratar de uma atividade adaptada ao nível da criança, mas isso não deve nos impedir de apreciá-la. Talvez haja eventos e atividades familiares que todos possam desfrutar, como uma viagem ou um passeio pelo campo. Além disso, talvez tenhamos um *hobby* ou interesse que nossos filhos possam aprender a entender e apreciar. Se estamos nos divertindo, pode ser mais fácil incentivar o interesse e o envolvimento dos pequenos.

Meu pai costumava jogar golfe, e desde muito cedo me incentivou a acompanhá-lo. Depois de algumas lições básicas que me ensinaram como segurar um taco, eu o acompanhava ao campo municipal. Eu achava a experiência agradável e muito divertida, mas talvez não pelas razões que ele pretendia. Meu pai, que jogava golfe frequentemente, às vezes chegava a um pico de raiva tão intenso que lançava o taco mais longe do que havia atirado a bola.

Duvido que meu pai tenha experimentado o golfe como uma atividade positiva de equilíbrio entre trabalho e vida pessoal.

Estrutura familiar e rotina

Muitas vezes, há um oásis de paz e calmaria quando as crianças chegam à escola, pois isso pode nos dar seis ou mais horas em que podemos continuar com nossa vida. Todavia antes e depois da escola ainda seremos necessários. Muitas vezes, é útil elaborar um cronograma familiar definindo quem está fazendo o quê, onde e quando... e possivelmente por quê. Isso sem dúvida mudará toda semana (se não todo dia), mas pelo menos criamos um plano em torno do qual podemos nos orientar.

Ação de equilíbrio trabalho-vida pessoal
Criando um calendário familiar

A tabela 2.1 é um modelo para um calendário familiar a ser preenchido. É possível adicionar outras categorias ou atribuir tarefas a diferentes membros da família, ou seja, um gráfico "global" que inclua todos ou um para cada.

Desenvolvimento emocional e resiliência

Uma parte significativa do desenvolvimento de uma criança é permitir que ela forje um grau de independência e autonomia para tomar as próprias decisões e aprender sobre riscos e responsabilidades. Desenvolvemos a resiliência e a capacidade de lidar com situações difíceis pela experiência de vida. Expor as crianças a riscos e responsabilidades gerenciados e apropriados lhes dá a experiência de enfrentar diferentes situações com uma gama de possíveis resultados ou consequências. Como este livro discute um equilíbrio entre trabalho e vida, o mesmo equilíbrio é pertinente à forma como mediamos o risco e a responsabilidade para nossos filhos.

Todos precisamos ser capazes de lidar com decepção, perda e rejeição. Não é agradável, mas acontece, e isolar-nos de situações difíceis não faz com que elas desapareçam. Como respondemos ou reagimos a situações difíceis pode servir de exemplo para nossos filhos. Eles podem aprender com nossa capacidade de lidar com dificuldades e, ao contrário, pegar maus hábitos que vêm de nós. Se afundarmos em

Tabela 2.1 Calendário da família

Data	Segunda-feira	Terça-feira	Quarta-feira	Quinta-feira	Sexta-feira	Sábado	Domingo
Prioridades escolares							
Atividades pós-escolares							
Tempo para atividades em família							
Ajudar em casa							
Noites							
Trabalho							
Compras							
Outras coisas							

depressão quando experimentamos uma decepção, é possível que isso possa ser interpretado por nossos filhos como "a maneira" de se comportar em tais situações. Da mesma forma, se tivermos a capacidade de reconhecer o desapontamento e de nos recuperar dele, isso pode se tornar um comportamento aprendido pelas crianças. Como discutimos no Capítulo 1, muitas pessoas dizem que não gostam de conflitos quando, na verdade, o que estão dizendo é que não aprenderam a lidar com situações hostis, agressivas ou carregadas de raiva. Essa é uma parte importante do equilíbrio entre trabalho e vida pessoal, porque reflete o fato de que o tempo investido na gestão adequada de uma situação poupa muito mais tempo do que consertar uma situação que administramos mal.

Limites

Um ingrediente adicional para criar um equilíbrio bem-sucedido entre trabalho e vida pessoal é a capacidade de impormos limites. Isso não só oferece um grau de proteção e espaço emocional para nós, mas também cria uma estrutura e uma orientação muito necessárias a nossos filhos. Com limites vem a disciplina. Quando se cria um filho com outra pessoa, a chave é conhecer, compartilhar e manter os mesmos limites.

Para cada mãe ou pai, há uma palavra associada às crianças que provoca um medo abjeto... hormônios. Essa palavra com a letra "H" é responsável por um dos aspectos mais incontroláveis da parentalidade. À medida que nossos filhos crescem e atingem a puberdade, os hormônios entram em ação com alarmante confusão e incerteza. Torna-se um pouco como fazer malabarismos com ovos: as coisas podem virar uma bagunça muito rapidamente. Torna-se impossível se preparar, pois a imprevisibilidade dos humores e das emoções deixa tudo fora de controle. Tudo o que podemos fazer é reservar algum tempo e espaço para erupções voláteis, acreditando e esperando que a calma prevaleça em breve.

Qualquer que seja a idade, as crianças precisam de limites apropriados, mesmo que nos desafiem, reajam e lutem contra esses limites. Tudo isso faz parte do aprendizado do que são limites e por que eles existem. Pode ser difícil dizer "não", e os filhos podem não nos agradecer por isso, contudo, "não" é uma palavra limite crucial. A segunda palavra limite mais crucial é "porque", para que apresentemos alguma razão, contexto e lógica. Tudo isso se torna parte de nosso equilíbrio entre trabalho e vida pessoal à medida que estruturamos nossa vida em torno do tempo e dos recursos disponíveis para nós. Dizer "sim" a tudo é impossível.

Todos fomos educados por nossos pais de alguma forma, e isso influenciará nossa própria atitude e perspectiva sobre o que fazemos. Quer isso tenha sido positivo, quer tenha sido negativo, é útil refletir sobre o impacto que teve sobre nós para que possamos aprender ou nos precaver contra qualquer atributo desnecessário.

Se nossos pais ainda estão em nossa vida, podem oferecer um rico auxílio para nosso equilíbrio entre a vida profissional e a vida pessoal, pois podem ajudar a preencher as lacunas que nosso trabalho venha a restringir ou impedir.

No entanto, pode haver tensões em torno de "quem sabe mais". É mais sensato reconhecer que haverá momentos nos quais nossos pais serão um grande trunfo para nós e outros em que podem atrapalhar. O que ajudará é a comunicação aberta e a transparência, demonstrando nossa gratidão, quando merecida, ou afirmando nossas prioridades, quando necessário. Ao considerar limites para nossos filhos, talvez precisemos negociar uma estratégia semelhante para nossos pais.

Sem filhos

É importante reconhecer que nem todos têm ou querem ter filhos. Pode haver muita pressão para aqueles que não têm filhos, às vezes, compensarem aqueles que têm crianças. Os funcionários no trabalho que têm filhos correm para pedir as férias durante as férias escolares, presumindo que não haverá problema para aqueles sem filhos aceitarem diferentes períodos de férias. Para quem não tem filhos, há uma perspectiva diferente sobre o equilíbrio entre trabalho e vida pessoal e o desafio de usar o tempo em que outros podem estar comprometidos com os filhos. O trabalho deste livro não é dizer a ninguém o que fazer, e sim encorajar a refletir sobre o uso inteligente do tempo que temos e as exigências que nos são impostas.

Não ter filhos, por escolha ou não, muda a estrutura e a matriz de nosso equilíbrio entre trabalho e vida pessoal. Pode haver diferentes escolhas e oportunidades disponíveis para as pessoas que têm filhos e para aquelas que não têm. Depende de nós como queremos preencher nossa vida e encontrar o enriquecimento e a satisfação que merecemos.

> Para aqueles que não têm filhos, mas não por escolha própria, ou seja, questões de fertilidade, trauma etc., isso pode representar uma área emocionalmente delicada em que o apoio terapêutico externo pode ser benéfico. Consulte os recursos disponíveis no Apêndice para mais informações.

Amigos

Diz-se que você pode escolher seus amigos, mas não sua família. É claro que, para muitos, isso não é bem verdade. Quando estamos na escola, nas instituições de ensino superior ou no trabalho, podemos não ter muita escolha sobre as pessoas com quem interagimos e se queremos, ou não, ser amigos deles.

Em nossos primeiros anos, os amigos se tornam uma parte fundamental da socialização precoce à medida que aprendemos a modular e moderar como nos encaixamos ou não em vários grupos e, o que é importante, quais necessidades são atendidas no processo. A pressão para nos integrarmos é enorme, e podemos nos sentir traumatizados se nos isolarmos ou formos excluídos. A mídia social teve um impacto significativo sobre nós com sua busca implícita de competir pelo número de amigos que temos, por quantas "curtidas" temos ou pelo grau de diversão e emoções que "deveríamos" experimentar.

As amizades, muitas vezes, surgem por causa de coisas que temos em comum, particularmente por meio da educação, do trabalho ou de atividades não laborais, como a prática de esportes. Esses interesses compartilhados podem criar um forte vínculo social. O fundamental a considerar não é tanto quem são nossos amigos ou a quantidade deles, mas sim a qualidade de nossa amizade, como as necessidades da amizade mútua estão sendo atendidas. Quantos de nós já conhecemos o "amigo" que só aparece em um momento de crise ou para pedir um favor, mas quando a situação é inversa, eles somem? É preciso que haja uma mutualidade, uma reciprocidade. Isso é essencial quando se trata de equilíbrio entre trabalho e vida pessoal. Além do trabalho e da família, as redes sociais podem ajudar a manter essa reciprocidade e a garantir que a unilateralidade em qualquer relacionamento não se torne norma ou expectativa.

Mohammed

Após a morte da mãe, Mohammed se viu reavaliando seus valores e, ao fazê-lo, começou a reavaliar de quem era amigo e por quê. Muitos de seus amigos eram de infância ou tinham surgido ao longo da vida, incluindo a escola, a faculdade e o trabalho. O luto o provocou a refletir sobre sua vida e relacionamentos, e ele percebeu que algumas de suas amizades provavelmente estavam impedindo seu progresso ou eram disfuncionais ou destrutivas. Em particular, descobriu que não gostava mais das frequentes visitas regulares ao *pub* a que todos iam, ou das conversas que tinham. Ao mesmo tempo que reforçava suas poucas amizades verdadeiras e íntimas, escolheu cortar os laços com aqueles amigos que sentia que não eram mais boas amizades.

Além disso, como em qualquer relacionamento, precisamos dedicar igual esforço e tempo a nossas amizades. Podemos ter mais de quinhentos amigos no Facebook... mas com quantos conversamos recentemente? Às vezes, pode ser bom enviar uma mensagem para dizer "olá" a alguém com quem não falamos há algum tempo ou dizer "você é um bom amigo". No entanto, tenha cuidado ao adentrar o território de "você é meu melhor amigo", pois isso pode colocar uma pressão indevida sobre a amizade. Não quero dizer que não devemos ter um melhor amigo — mas por que limitá-lo a um?

Família

Quando se trata de família, todos teremos nossa estrutura e rede familiares únicas, e com o crescente interesse em torno da genealogia e da ancestralidade, mais pessoas estão escolhendo ampliar seu círculo familiar por meio da construção de relacionamentos com parentes recém-descobertos.

Como com os amigos, precisamos dedicar tempo para cultivar ou administrar essas relações. Elas podem ser calorosas, afetuosas e significativas, ou ser turbulentas, difíceis e tóxicas. Não há um caminho claro em termos de como melhor prosseguir com nossa família, porém é importante ter um reconhecimento empático das dinâmicas, roteiros sociais e características que possam existir.

Algumas famílias estendidas operam por meio de união e conexão; para outras, as conexões podem ser mantidas mais por sentimentos de obrigação e necessidade. Provavelmente, todos temos pelo menos um parente cuja visita pendente nos apavora ou aterroriza, e outro a quem desvalorizamos e subestimamos. Será que precisamos fazer um esforço consciente para ver mais de nossa família ou, quem sabe, menos? Embora compartilhemos uma linhagem, somos indivíduos diferentes: não somos como eles e nem eles como nós.

A conexão vitalícia que temos com a família significa que há fatores desencadeadores ou focos de conflito ao longo do caminho com base em coisas que foram ditas ou feitas, ou não ditas e não feitas. As pessoas podem guardar rancor, inclusive nós. Se não forem reconhecidos, gerenciados ou resolvidos, podem consumir uma enorme quantidade de tempo com distrações. Talvez seja necessário fazer concessões, ao decorrer do tempo, incluindo o reconhecimento de que é melhor concordar em discordar sobre determinados tópicos ou pontos de discussão.

Em 18 de setembro de 2014, houve um referendo na Escócia sobre uma possível independência do Reino Unido. No fim, 55 por cento votaram contra, e 45 por cento, a favor. Durante toda a campanha, houve um intenso debate de ambos os lados. Os resultados sugerem que os mais jovens votaram "a favor" como uma mudança e para um futuro diferente, enquanto os mais velhos tendiam a votar "contra", a favor do *status quo*. Os membros da família muitas vezes discordaram fortemente uns dos outros, e as linhas de batalha foram traçadas. Mesmo seis anos depois, há poucas famílias escocesas que não foram afetadas pelo que aconteceu.

À medida que temos problemas com familiares em nosso equilíbrio entre trabalho e vida pessoal, torna-se evidente o foco em cultivar, apreciar e desenvolver as relações boas e positivas que temos, ao mesmo tempo que consideramos também se precisamos nos distanciar daqueles que consomem nosso tempo, força e energia. Isso não quer dizer que não devamos reconstruir pontes; ao contrário, devemos ser circunspectos e realistas, aplicando o tempo e o esforço que pudermos, quando e onde for apropriado.

Mesmo em nossas sociedades aparentemente hiperconectadas, muitas redes familiares têm dificuldades para se manter em contato. A família pode ser importante para nós em qualquer etapa da vida. Os parentes mais velhos podem se sentir isolados tanto quanto os mais jovens, pois cada grupo passa por dificuldades em suas respectivas fases da vida e com os desafios que elas trazem. Só porque alguém pode ser nosso primo em segundo grau, isso não diminui o impacto que poderíamos ter em sua vida, e vice-versa.

No momento de escrita desta obra, o Brexit está inundando a mídia enquanto o Reino Unido decide sobre sua relação com a Europa. Um parente me lembrou que minha avó por parte de mãe, que morreu quando eu era muito jovem, na verdade nasceu em Madeira. Isso não só deu um impulso adicional à minha busca para aprender português, como abriu um caminho potencial para eu manter alguma conexão europeia se o Reino Unido realmente "sair". Caso minha falecida avó fosse viva hoje, eu diria a ela "Olá, duas cervejas, por favor". Ok, além de algumas frases essenciais decoradas, meu vocabulário em português ainda precisa melhorar muito.

Niamh

Pertencente a uma grande família no sudoeste da Irlanda, Niamh havia chegado a um ponto de bloqueio na carreira em que parecia não ser capaz de localizar nenhuma oportunidade adequada para ser promovida na firma de contabilidade onde trabalhava, em Edimburgo. Ela era bem-sucedida e sócia corporativa, o ponto que sempre havia dito a seus pais que alcançaria. Veio até mim porque tinha chegado a um ponto de paralisia: o brilho parecia ter perdido seu apelo porque, a seus olhos, ela não tinha mais nada a alcançar. Pude ver seu entusiasmo pelo que tinha conquistado, e parte dela não queria jogar aquilo fora. Depois de uma busca profunda e exploração de valores pessoais, optou por voltar à Irlanda e se estabelecer como contadora autônoma em uma cidade próxima da de sua família. A carta que recebi dela algum tempo depois confirmou que havia encontrado o que procurava: um trabalho com menos pressão perto de pessoas que amava.

Se queremos ver mais ou menos nossos parentes mais distantes, a questão é que precisamos delinear isso em nossa matriz de equilíbrio entre trabalho e vida pessoal.

Animais de estimação e animais em geral

Embora os animais de estimação e os animais em geral não sejam pessoas falantes, constituem uma fonte rica de equilíbrio entre trabalho e vida pessoal. Assim como os animais de estimação mais tradicionais, como cães e gatos, passarinhos, porquinhos-da-índia e coelhos, conheci outros mais incomuns que são adorados por seus donos: porcos, lhamas, cobras, tartarugas, galinhas, e assim por diante.

A maioria dos animais considerados de estimação exigirá tempo e esforço para cuidar de sua saúde e bem-estar, e alguns argumentariam que recebemos um valor semelhante como resposta, quer seja nos passeios logo pela manhã ou à noite, quer pelo puro prazer que experimentamos a partir de sua resposta a nós como seus "guardiões". Pesquisas publicadas na *Nature.com* afirmam que os cães podem ajudar a reduzir o risco de problemas cardiovasculares em seus donos, fornecendo apoio social e motivação para a atividade física[2]. A companhia de animais de estimação ou animais em geral também pode criar laços e proporcionar apoio, carinho e amor.

Há cerca de vinte anos, abriguei um miniaquário de peixes exóticos em minha sala de terapia, até que isso se tornou uma distração tão grande para os clientes que me senti obrigado a passá-lo adiante. No entanto, ele criava um oásis de relaxamento — um cliente perguntou no início da sessão se poderia apenas sentar e observar os peixes por uma hora. Embora ele pudesse ter feito algo semelhante na loja de animais de estimação local gratuitamente, isso refletia a serenidade consciente e pacífica que algumas pessoas sentem com os animais.

Jacob

Foi um "golpe duplo", como disse Jacob, quando perdeu sua querida avó e seu cão de estimação, o Dougal, a poucos dias um do outro. Sua avó não estava bem havia algum tempo, por isso sua morte era prevista em um futuro próximo. A de Dougal, no entanto, foi completamente inesperada. Seu relacionamento com Dougal também tinha sido muito mais dependente, de forma mútua. Por quase cinco anos, Jacob o tinha alimentado e cuidado dele, caminhava com Dougal duas vezes ao dia e se preocupava com ele quando estava doente. Jacob não apresentava o acúmulo de perdas ou luto propriamente dito, e sim a culpa por sentir-se mais afetado pela morte de seu cão do que pelo da avó. Quando ele trouxe duas recordações de ambos para uma de nossas sessões, não foi a foto de sua avó que mais o comoveu; foi a galinha de borracha, brinquedo de Dougal.

Em minha universidade, fornecemos "terapets", ou seja, terapia com animais de suporte emocional, em pequenos intervalos do calendário acadêmico, em especial antes das semanas de provas. Isso cria um tempo e um espaço para que os estudantes possam desfrutar de um pouco de tempo com um animal de estimação fofo e felpudo. Muitos nos dizem que isso os faz se lembrar de casa ou de uma experiência positiva passada com alguém que conheciam que tinha um cachorro. Esses "terapets" são treinados e conhecidos por seu temperamento tranquilo. Mas muitos de seus donos oferecem esse serviço gratuitamente porque adoram a reação e a resposta dos estudantes.

Contribuição à comunidade

A sociedade deixaria de funcionar se não houvesse um senso de comunidade. Somos todos parte de algum grupo social baseado em alguma uniformidade ou espaço de vida compartilhado, desde uma rua até a cidade, a região e a nação. Todos queremos pertencer e estar conectados com o lugar onde vivemos. Conectar-se com nossa localidade requer ação de nossa parte. Precisamos sair e fazer algo. Ajudar os outros é uma das melhores maneiras de concretizar isso. É também um grande antídoto para o trabalho e pode contribuir para um fator significativo de bem-estar em nosso equilíbrio entre trabalho e vida pessoal.

Quantos de nós estão envolvidos no voluntariado — família, amigos, colegas de trabalho? É muito mais do que a maioria imaginaria. No Reino Unido, em 2015, cerca de 42 por cento da população estava envolvida em alguma forma de voluntariado, chegando a 58 por cento entre estudantes. O voluntariado por organizações formais foi avaliado, em 2014, em 23 bilhões de libras esterlinas, mesmo excluindo as oportunidades de menor escala não associadas a instituições de caridade estabelecidas.[3] Entre muitos outros organismos de voluntariado de boa reputação, a Fundação Do It é uma organização sediada no Reino Unido que afirma mediar aproximadamente um milhão de oportunidades de voluntariado no Reino Unido. A escala e o escopo do voluntariado são enormes.

Os voluntários gostam de conhecer e ajudar os outros, ganhando novas habilidades ou usando as já existentes e se beneficiando da experiência. Não precisa ser uma grande contribuição de tempo ou esforço. Pode ser uma frestinha de tempo livre, quando podemos. Fazendo amizade, transportando pessoas para uma consulta no hospital, ajudando com almoços, organizando um evento esportivo para jovens, apoiando um centro comunitário ou participando de um serviço de teleassistência, há muitas opções de voluntariado.

Nossa localização, estágio de vida familiar, situação financeira, conexões e necessidades pessoais contribuirão para identificar as oportunidades que podem ser abundantes para nós. Se tivermos pré-adolescentes, isso pode nos influenciar a organizar eventos esportivos ou atividades ao ar livre para as crianças, porque nossos filhos também podem fazer parte disso. Se estivermos aposentados, talvez queiramos evitar o isolamento ao voluntariar em uma loja de caridade ou oferecer tutoria para aqueles que necessitam. Se fizermos parte de uma igreja ou de um grupo religioso, podemos ter prazer em oferecer nosso tempo em apoio a essas comunidades pela fé ou pela crença compartilhada.

A questão não é tanto *onde* se voluntariar, mas *por que não* ser voluntário. Não é um compromisso para toda a vida, porém os benefícios podem ser. Pode não parecer a princípio mas provavelmente há muitas oportunidades disponíveis para apoiar sua comunidade local. O voluntariado pode não pagar diretamente, contudo os benefícios mais amplos de sua contribuição podem ser de longo alcance, e você perceberá as intensas vibrações de satisfação que podem emanar dela.

Vanessa

Depois de muitos anos subindo na escada corporativa, Vanessa atingiu o topo da diretoria de recursos humanos da instituição de ensino para a qual trabalhava. Mas, ao fazer isso, começou a sentir que havia mais na vida do que o cargo que havia alcançado. Auditamos suas necessidades e seus desejos e, depois de negociar suas horas com seu empregador, ela reduziu a carga-horária de tempo integral para quatro dias por semana e se juntou a uma instituição de caridade contra o câncer que leva as pessoas para tratamentos hospitalares. Embora eu acredite que os sobreviventes do câncer tenham apreciado suas brincadeiras amigáveis, acho que parte do entusiasmo em ser escoltados por ela também foi associado ao seu Mercedes de luxo, top de linha. Eles brincavam que ela era sua motorista particular.

O voluntariado não exige que tenhamos um Mercedes, embora, como Vanessa descobriu, ele possa ajudar.

À medida que nossa população envelhece e nossos respectivos sistemas de saúde rangem sob uma demanda maior e recursos reduzidos, cada vez mais de nós estamos fornecendo cuidados pessoais e ajuda para nossos amigos e parentes em conjunto com nossas outras responsabilidades. No Reino Unido, de acordo com a pesquisa *Carers UK* em 2015, um em cada oito (6,5 milhões) adultos eram prestadores de cuidados, e espera-se que esse número aumente para nove milhões até 2037. Mais de três milhões de pessoas conciliam assistência com trabalho.[4]

A assistência vai desde fazer companhia a alguém, fazer suas compras, preparar suas refeições ou lavar suas roupas, até cuidados pessoais e ajuda física. Pode variar desde curtos períodos de tempo até o cuidado em tempo integral.

Do ponto de vista do equilíbrio entre trabalho e vida pessoal, com voluntariado e responsabilidades de assistência, é importante considerar as necessidades, e nossa capacidade de agendar, priorizar e determinar o que é importante em nossa vida.

Relacionamentos no trabalho

Há muitas dinâmicas conscientes e subconscientes que entram em jogo com as relações de trabalho. A menos que se trate de uma organização iniciante, quando iniciamos em um novo trabalho, entramos em uma equipe que já existe. Esperamos que nos recebam de braços abertos e nos ajudem com entusiasmo a nos estabelecer e a nos ajustar ao novo cargo. Mas também haverá um elemento de incerteza e, em alguns casos, desconfiança. Vamos nos adaptar e nos entrosar, ou seremos parte de uma mudança ou divisão a que eles podem resistir? Às vezes, é útil, para facilitar a chegada, passarmos despercebidos pelo grupo, em vez de chegar fazendo alarde.

A forma como nos adaptamos e nos conectamos com os colegas de trabalho depende de nossa personalidade, características, comportamentos e funções profissionais — assim como as deles. Pode haver uma hierarquia vigente ou ser uma estrutura mais plana. Conhecer as normas culturais, explícitas e implícitas, é um desafio contínuo, pois elas podem mudar e se adaptar com base nas exigências do local de trabalho. Podemos aprender com o que vemos e ouvimos. Qual é o tom, o conteúdo e o contexto do profissionalismo? Se existe um grau de brincadeira ou humor, até que ponto isso ajuda ou dificulta? Até o código de vestimenta falará muito sobre como os outros se conectarão conosco.

Pedir ajuda, conselho ou assistência mostra que estamos interessados em fazer bem o nosso trabalho e que confiamos na experiência de outros. Às vezes, é difícil saber que perguntas precisamos fazer ou como as apresentar à pessoa mais apropriada no momento certo. Podemos achar que "devemos" saber as respostas ou o que fazer, mas todos vêm de um lugar de ignorância ou incerteza até acumular conhecimento, proficiência e experiência.

Relações profissionais efetivas e agradáveis fazem uma enorme diferença em nossa experiência de vida no trabalho: aumentam nossa confiança no trabalho colaborativo, permitindo-nos delegar mais facilmente e sentirmos os benefícios sinérgicos do trabalho em equipe. Boas relações de trabalho permitem que uma equipe prospere e floresça. Mesmo quando trabalhamos em nossas próprias tarefas, sabemos que pode haver outros com quem podemos nos conectar. Pode parecer um pouco óbvio, mas todos queremos trabalhar com pessoas com as quais gostamos de ter por perto. Temos nossa responsabilidade nisto: de nos tornarmos uma pessoa agradável com quem trabalhar.

No entanto, nem sempre vamos nos dar bem com todos com quem trabalhamos, embora devamos manter o profissionalismo em nossas relações com eles.

Os problemas frequentemente ocorrem quando as necessidades de uma pessoa entram em conflito com as de outra, seja esse conflito de origem pessoal, profissional, seja uma mistura dos dois. A chave para administrar isso é apreciar o foco e a direção das "necessidades". A tensão é a respeito de nossas necessidades ou das deles? O medo da mudança ou do desconhecido é mais um fator desencadeador de conflito. A maioria de nós gosta de se sentir informado. Não gostamos do desconhecido porque não conhecemos as consequências potenciais e como elas podem nos afetar.

Todos gostaríamos de dizer que nosso objetivo é tratar as pessoas da maneira como gostaríamos de ser tratados. No entanto, no calor do momento, com prazos apertados, tensões aumentando e o estresse escorrendo de nossos poros, muitas vezes perdemos isso de vista. Situações tensas podem ser tratadas com mais eficácia e sensibilidade se tomarmos um momento para "dar um passo atrás", respirar fundo, contar até dez, antes de dizer algo. Permanecer tranquilo e calmo funciona melhor do que uma abordagem de "cabeça quente".

Salma

Após uma tensão no trabalho, Salma me apresentou uma frustração por não "corresponder" ao ritmo de conversa ou interação de seus colegas. Ela era autocrítica do que considerava ser sua "introversão" contra uma cultura de "extroversão". À medida que modelávamos e explorávamos diferentes formas de comunicação dentro da esfera de seu caráter e personalidade, ela começou a reconhecer que não podia fugir do fato de que era, de fato, mais silenciosa do que os outros. Mas, e esse era o "mas" central, ela reconheceu que, por ser mais quieta, os outros a ouviam mais atentamente. Ela não precisava mudar nada a seu respeito, só precisava apreciar sua maneira de ser.

Conflito no trabalho

Como mencionei nos capítulos anteriores, muitos dizemos temer conflitos quando, na verdade, queremos dizer que não aprendemos a discordar de forma construtiva com outra pessoa. Esquivamo-nos de percepções de ameaça de agressão explosiva, o que nos impede de enfrentar o medo. Enfrentar nossa ansiedade, muitas vezes, nos ajudará a responder, lidar e resolver a ameaça de maneira apropriada: pode ser uma conversa, não uma batalha, com a outra pessoa. Se tomarmos as rédeas do impacto sobre nós, deixamos de lado o julgamento e a crítica da outra pessoa, o que imediatamente alivia a tensão.

Liggy e Beryl

Fiz uma breve sessão de mediação com Liggy e Beryl. Eles haviam tido uma grande discussão sobre suas diferentes interpretações da política de férias anuais. Pedi que cada um separasse os fatos e a emoção. Eles praticamente concordaram em ambos. Os fatos estavam centrados em uma política de férias mal redigida. Suas emoções se concentraram em suas respectivas necessidades de férias familiares e em como sentiam que elas estavam sendo ignoradas pelo outro. Em cerca de trinta minutos, concordaram em buscar esclarecimentos de seu departamento de recursos humanos e compreenderam que compartilhavam necessidades semelhantes de férias familiares.

Em muitos casos, apenas não temos todos os fatos para fazer uma boa avaliação de uma situação, o que facilita levar algo para o lado pessoal e, ocasionalmente, entender errado. Embora possamos não nos sentir à vontade para compartilhar situações ou preocupações pessoais com colegas, o que acontece fora do trabalho pode ter impacto sobre ele.

Se nosso colega está irritável ou contestador, estamos conscientes de que ele está tendo dificuldades em pagar o financiamento de sua casa, ou tem um pai idoso doente, ou um bebê que chorou durante toda a noite anterior, ou um relacionamento difícil, ou vício em álcool, ou medo de ser demitido, e assim por diante? Provavelmente não. Compaixão e empatia resolvem uma série de problemas.

Assim como procuramos entender melhor os outros, precisamos entender nossos próprios comportamentos e hábitos. Será que alimentamos o potencial de relacionamentos difíceis? Desde pequeno, lembro-me do que meu pai avisava: “Aquele que fofoca com você, fofoca sobre você.” Acho que eu tinha cerca de sete anos, na primeira vez que ouvi, por isso não entendi bem. Mais tarde, na vida, confirmei que era verdade. É melhor evitar fofocas sobre e com os outros: não serve para nada ou para ninguém e quase sempre retorna para nos atormentar.

Podemos ter a paciência de um santo e a habilidade de negociação de um diplomata da ONU, mesmo assim ainda nos encontrarmos atolados em uma problemática relação de trabalho. O ideal seria que pudéssemos reconhecer a causa do problema, resolver as coisas e depois apertar as mãos e fazer as pazes. Ou então precisaremos levar isso a chefes ou gerentes. Entretanto, pode ser necessário um processo formal. Com qualquer situação turbulenta, muitas vezes é útil esclarecer como queremos que algo seja resolvido. Queremos um pedido de desculpas, uma mudança, uma consciência empática compartilhada ou uma clareza de entendimento?

As reclamações e as políticas disciplinares existem no trabalho porque o comportamento humano faz com que algumas pessoas se afastem da política organizacional. Isso pode ser estressante para todos os envolvidos, por isso vale a pena buscar conselhos e identificar os recursos de apoio disponíveis.

Networking e a equipe dos sonhos

Queremos relações positivas e produtivas com nossos colegas de trabalho. Por isso, hoje o trabalho começa remendando as relações danificadas ou cultivando as novas. Há um mundo grande lá fora em termos do número de contatos potenciais de trabalho, mas, na verdade, é um mundo bastante pequeno quando se trata do círculo de pessoas diretamente ligadas à nossa vida profissional. (A menos que você seja alguém como Jackie Stewart!)

Muita gente evita o "networking" porque ele evoca a imagem de um vendedor polido em um terno novinho em folha com dentes perfeitamente brancos e um sorriso enorme. Outros têm essa visão equivocada de que networking tem a ver com a exploração de outras pessoas. O networking, porém, é simplesmente fazer contato com outras pessoas, encontrar oportunidades para desenvolver relacionamentos reais e genuínos.

É preciso ser um processo bidirecional para operar de forma efetiva. Ajudamos e seremos ajudados. Um desequilíbrio só alienará um do outro e o contato se dissolverá. Muitos de nós não gostamos de pedir ajuda, conselho ou orientação, preferindo aguardar que as coisas se resolvam ou que sigam seu curso. Muitas vezes, essa estratégia significa que nada se move.

O networking se torna mais um raio na nossa roda de equilíbrio entre trabalho e vida pessoal porque se trata de identificar e compartilhar aprendizagem, informações e insights oportunos, úteis e relevantes. Gosto de netwoking porque é uma espécie de delegação social, em que segmentamos a pressão e o estresse. Hoje, as redes on-line proliferam graças ao enorme alcance potencial, mas o método cara a cara ainda oferece o melhor toque pessoal. Uma combinação de ambos é provavelmente o ideal.

Liz

Trabalhei com Liz há cerca de vinte anos na profissão de assistência aos funcionários, e depois nossos caminhos se separaram para se reencontrar há cerca de seis meses. Fiquei radiante quando ela me contatou do nada por meio de uma comunidade empresarial on-line para me parabenizar pela publicação do meu livro anterior. Durante nossas trocas de e-mails, compartilhamos uma apreciação mútua sobre o que tínhamos feito nas décadas anteriores, tanto pessoal quanto profissionalmente. Ao fazer isso, ela identificou um contato australiano o qual pensou que poderia ser útil para mim sobre um tópico de interesse mútuo. Fiquei muito grato por essa oportunidade de me conectar. E então, nenhum contato durante três meses até que Liz voltou a falar comigo para me informar sobre o workshop *Change-Transitions* que ela estava realizando. Como pude pensar em muitos que se interessariam, fiquei feliz em promovê-lo em toda a minha rede on-line. Isso é networking.

Todos precisamos vender a nós mesmos e nossos serviços quando estamos envolvidos em oportunidades de networking. Pense na situação da entrevista. Queremos demonstrar por que somos o candidato ideal, mas também estamos examinando os entrevistadores: queremos realmente trabalhar para eles ou para sua organização?

O equilíbrio bem-sucedido entre trabalho e vida pessoal envolve a utilização sábia de nosso tempo limitado. O apito da chaleira é um exemplo em que vamos direto ao ponto, de forma rápida e decisiva.

Há alguns anos, eu estava em um painel de entrevistas. Todos os candidatos sabiam que tínhamos um roteiro de catorze perguntas-chave e uma hora para a reunião. Alguns deram respostas múltiplas ou excessivamente elaboradas. A pessoa que conseguiu o cargo respondeu a cada pergunta de forma clara, distinta e sucinta. Essa entrevista em particular terminou cedo.

Menciono esse exemplo porque, mesmo quando chegamos à fase de entrevista de emprego, ainda estamos trabalhando em networking. Estamos nos apresentando para um emprego, mas também construindo relações com as pessoas que têm o poder de nos empregar e com as quais podemos acabar trabalhando.

O objetivo do networking é permitir que outros sejam nossos porta-vozes e compartilhem a carga de nos colocar no mercado, nossos atributos e nosso nome. Eles poderiam ser nossos

Ação de equilíbrio trabalho-vida pessoal

O apito da chaleira

O apito da chaleira é chamado assim para refletir o pouco tempo que podemos passar com alguém na cozinha do escritório esperando que a água ferva. Você tem um curto período de tempo para se apresentar. Considere como pode descrever seus principais atributos em três minutos para um professor universitário, um assistente de caixa de uma loja e a lenda do golfe Tiger

Woods. Por que Tiger Woods? Por nenhuma razão. Basta pensar em três pessoas muito diferentes. Você quer que eles levantem as sobrancelhas intrigados a seu respeito. Você precisa de um roteiro verbal sobre si que seja: 1) único, 2) relevante e 3) memorável. Se esquecer essas três tarefas, basta lembrar-se de que precisa ser memorável.

"promotores" em determinadas situações. O mundo gira em torno de conexões sociais, e este capítulo serve para ilustrar o valor nas relações entre as pessoas. Como abordaremos com mais detalhes no Capítulo 5, sobre bem-estar físico e psicológico, às vezes não podemos fazer tudo por conta própria. Precisamos estender a mão e pedir ajuda e assistência.

Equipe dos Sonhos é um termo usado para descrever a melhor combinação possível de pessoas reunidas para determinado propósito. Ele pode ser usado em vários contextos. Em networking e em contatos relacionados ao trabalho, representa a oportunidade de atrair pessoas que conhecemos e que poderiam influenciar favoravelmente o desenvolvimento de empregos ou o avanço na carreira.

Ação de equilíbrio trabalho-vida pessoal

Reunindo uma equipe dos sonhos

Pense em um objetivo ou propósito particular que possa ser beneficiado ao reunir uma equipe dos sonhos. Aquela que contribuirá para que você alcance esse objetivo.

Pense na possibilidade mais criativa que puder. Os objetivos poderiam ser compostos a partir de qualquer um dos tópicos deste livro, por exemplo.

Figura 2.1 Sua equipe dos sonhos

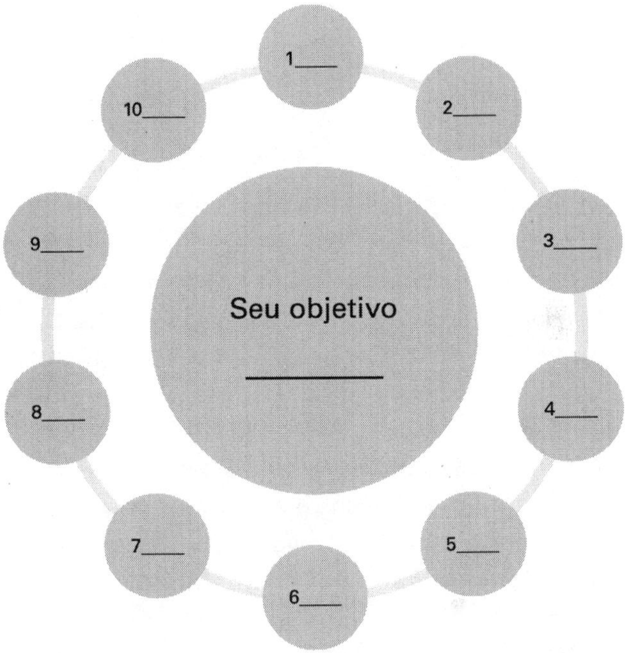

"Ficar e permanecer em forma", "Conseguir uma promoção", "Fazer novos amigos", "Melhorar a gestão do tempo", "Gerir melhor o estresse", e assim por diante. Anote os nomes de dez pessoas que poderiam impactar seu objetivo. Dependendo de qual seja, ele pode incluir seu amigo das aulas de yoga, parceiro de golfe, terapeuta, vizinho, amigo de compartilhamento de carro, primo em segundo grau etc. Você nunca sabe que pepitas de ouro eles poderiam encontrar.

Para cada membro da equipe dos sonhos, e em colaboração com eles, você precisa atribuir papéis e responsabilidades. O que eles farão? Quando, onde e como? Dê-lhes um resumo, faça-o como um contrato e permita que compartilhem os benefícios que você obterá com o envolvimento deles.

O segredo de uma rede de contatos eficaz é ampliá-la ao máximo, em vez de incluir apenas o óbvio. Nunca podemos ter certeza de quem conhece alguém influente que possa ter uma influência positiva em nosso mundo.

Sharon

Tendo trabalhado duro por três anos em uma mudança de estratégia com sua equipe de vendas farmacêuticas, Sharon sentiu que havia concluído o que se propunha a alcançar e precisava de um novo desafio. Trabalhamos no desenvolvimento de sua equipe dos sonhos para considerar o espectro de pessoas e contatos que ela conhecia e que poderiam influenciar novas oportunidades. Embora incluíssemos os contatos "habituais" relacionados ao trabalho, utilizamos algum pensamento criativo para identificar "pessoas de influência" que não estivessem relacionadas ao trabalho. Sharon era próxima de sua irmã, e ambas se inspiravam e influenciavam uma à outra. Pouco tempo depois, sua irmã conheceu um gerente de recursos humanos nas aulas de pré-natal, e, com algumas apresentações, Sharon conseguiu uma entrevista sensacional para um posto sênior no Serviço Nacional de Saúde Pública (National Health Service — NHS). A última notícia que ouvi dela foi que estava embarcando em uma mudança de estratégia monumental para um fundo do NHS e estava adorando. No caso de Sharon, foi sua irmã quem fez o trabalho duro, embora o tenha feito deitada em almofadas e concentrada em exercícios de respiração profunda.

O networking é mais divertido quando sentimos que fizemos a diferença para alguém e forjamos as conexões únicas que talvez só nós pudéssemos ter projetado. Quanto mais ajudamos os outros, mais eles ajudam a outros também. Isso se torna um efeito dominó de heróis ajudantes.

Tentei fazer uma experiência recentemente. Ao sair do trabalho, quase sempre há um engarrafamento ao longo de um quilômetro e meio, pela junção de algumas estradas secundárias. Muitas vezes, se o tráfego está em movimento, ignoramos os veículos que tentam se unir à via principal, fingindo que não os vimos. Mas se você deixar alguém entrar no espaço à sua frente, depois de ser ignorado pelos outros, verá que sua apreciação muitas vezes os faz retribuir, e eles também deixarão alguém entrar no espaço à frente. O aspecto um pouco frustrante disso é que seu ato amigável e gentil de deixar um veículo se mover na sua frente pode desencadear mais vinte! Experimente.

Estratégia "dar um jeito na vida": pessoas

O sistema da tabela a seguir aplica-se a cada tópico discutido neste capítulo e baseia-se em sua percepção pessoal sobre a presença de uma deficiência, um desequilíbrio ou uma necessidade... ou não. Todos são diferentes. Portanto, não há certo ou errado considere as lacunas que existem em você.

A pontuação usa um índice percentual para autoavaliação de 0-100%, com 0% referente a necessidades totalmente *não atendidas* e 100% equivalente a necessidades totalmente *atendidas*. Some os totais percentuais e divida-os pelo número de tópicos para verificar a porcentagem total deste capítulo. Ao fim do livro, terá um total percentual para cada capítulo, dando-lhe espaço para considerar onde precisa priorizar a ação.

Se algum tópico for irrelevante para você, ignore-o e reduza o número de tópicos que dividirá.

Para visualizar melhor, trace um ponto no diagrama do radar (Figura 2.2) com a mesma escala percentual: 0% para necessidades totalmente não atendidas até 100% para necessidades totalmente atendidas. Você pode, então, unir os pontos para formar um radar de auditoria de necessidades. Esse método lhe dá uma pista visual que ajudará a identificar as lacunas em suas necessidades.

	Tópicos	**Porcentagem de necessidades atendidas atualmente %**
1	Eu, meu parceiro e romance	
2	Exigências e necessidades dos filhos	
3	Amigos	
4	Família	
5	Animais de estimação e animais em geral	
6	Contribuição à comunidade	
7	Relacionamentos no trabalho	
8	Networking e a equipe dos sonhos	
Pontuação total para o Capítulo 2 (de 800%): "Pessoas"		
Divida essa pontuação total por 8		
Pontuação percentual total (de 100%) para o Capítulo 2		

Figura 2.2 Pessoas

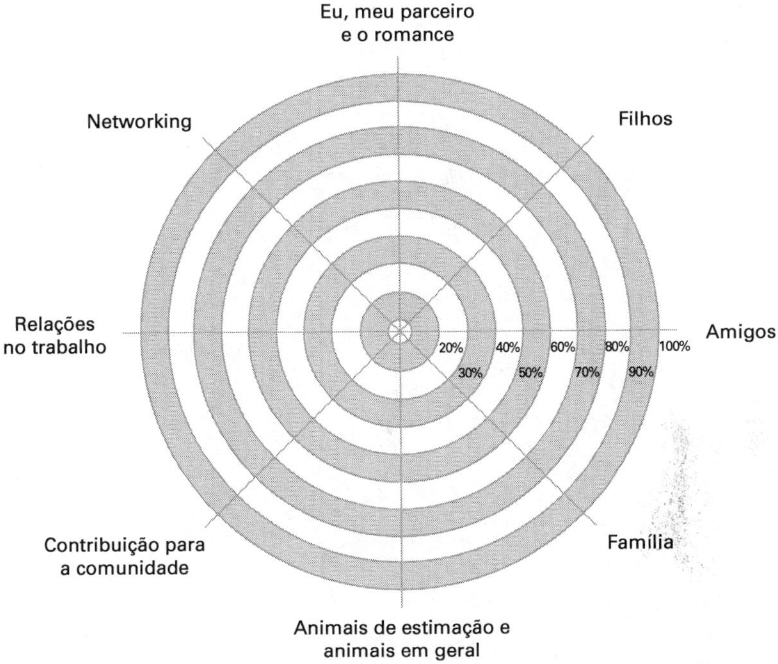

O capítulo "pessoas" envolve as relações cruciais que temos com aqueles com quem nos encontramos, vivemos ou trabalhamos em nosso mundo. As relações vêm e vão. Elas podem florescer e se desenvolver ou se fragmentar e terminar. Em última instância, depende de como vemos e valorizamos as pessoas em nossa vida e como isso contribui para o nosso equilíbrio bem-sucedido entre trabalho e vida pessoal.

O próximo capítulo aborda as questões profissionais e os aspectos essenciais de como agimos, comportamo-nos e levamos adiante nossa vida no trabalho.

03

Questões profissionais

Este capítulo foca na dimensão profissional no trabalho em um sentido mais macro — uma espécie de *razão pela qual* trabalhamos. No Capítulo 4, passaremos a analisar a produtividade e o desempenho, em que nos aprofundaremos nas microcomplexidades de *como* trabalhamos.

Objetivo e propósito no trabalho

Por que trabalhamos? Por que alguém trabalha? Por que não passar o dia todo assistindo a dramas na Netflix, em longos almoços em cafés chiques ou deitados ao sol bebericando mojitos até fritarmos a nossa pele? Em parte, e isso é meio evidente, porque a maioria de nós não poderia se dar ao luxo — mas além da motivação financeira, nunca trabalhar provavelmente nos deixaria loucos. Como humanos, precisamos de um propósito, — uma razão para nos levantarmos de manhã e um objetivo para nosso dia à frente. Não há nada de errado com Netflix, almoços em cafés ou mojitos, é claro, porém precisamos de um equilíbrio.

Há muitas evidências anedóticas de que o trabalho é bom para nossa saúde mental, pois nos proporciona propósito e foco. Podemos nos encaixar em uma espécie de piloto automático durante a semana: alarme, banho, vestir-se, tomar café da manhã, escovar os dentes, deslocamento, bater o ponto. E talvez o mesmo, só que ao contrário, ao fim do dia. Isso nos dá uma rotina. A parte do meio pode ser mais imprevisível, já que as exigências do trabalho ditam o fluxo e o refluxo. A rotina de início e fim do dia nos ajuda na preparação para o dia seguinte, ou a relaxar, quando dela saímos. Todas essas funções são importantes para iniciar e finalizar nossos dias.

A maioria de nós ficaria bastante satisfeita se voltasse do trabalho para casa e sentisse que havia realizado algo naquele dia. Talvez tivéssemos avançado em uma tarefa, completado um projeto, aprendido algo novo, obtido uma nova visão, desfrutado de uma troca ou conversa com um colega ou cliente, e assim por diante. Muitas vezes, não nos damos conta do que alcançamos e consideramos a totalidade de nossa experiência de trabalho como "trabalho" — isso significa que perdemos o reconhecimento da realização e da autoafirmação.

Rico

Como supervisor do departamento de patrimônio em seu conselho local, Rico estava enfrentando dificuldades com a motivação no trabalho. Ele era capaz, dava-se bem com a equipe e cumpria os prazos. Na verdade, estava fazendo exatamente o que o trabalho exigia dele, até mais. No entanto, havia perdido de vista o *porquê* de fazer aquilo. Exploramos um quadro muito mais amplo das consequências de seu trabalho, e ele foi capaz de lembrar dezenas de anedotas de inquilinos muito gratos. Ampliar sua perspectiva, reacendeu o entusiasmo de volta a um nível que o fez amar seu trabalho novamente.

Como Rico, todos podemos ter períodos de desânimo quando nos deixamos levar pela rotina de trabalho e paramos de apreciar os triunfos ao longo do caminho. Pode haver uma expectativa de realizarmos uma série de triunfos, mas isso não significa que não devamos fazer um balanço e aproveitar a glória ocasional, quando ela é merecida!

Ação de equilíbrio trabalho-vida pessoal

Listagem das realizações

Ao concluir cada dia de trabalho, liste três realizações daquele dia — as melhores que puder encontrar. Cada uma delas precisa ser algo em que você tenha feito uma escolha consciente para alcançar. Não precisa ser um Prêmio Nobel da Paz (embora, se você conseguir isso, deve ir para suas três conquistas do dia!); podem ser menores, como "terminei o relatório do orçamento", "recebi um feedback positivo de um cliente", "iniciei um novo projeto de recrutamento", "completei minha avaliação" ou mesmo "arrumei minha mesa". Ao fim de cinco dias, você terá quinze realizações. Se isso gerar um contentamento quentinho e aconchegante dentro de você, ótimo. Se isso o faz murchar de desgosto, talvez seja a hora de procurar um novo emprego.

Uma perspectiva adicional a ser considerada nessa ação de equilíbrio entre trabalho e vida pessoal é o foco em nossas escolhas — optamos por nos engajar ativamente em uma tarefa e progredi-la do ponto A para o ponto B. Quando nos sentimos presos a uma rotina, ou a uma falta de motivação, muitas vezes não reconhecemos que estamos tomando decisões, aprendendo e alcançando metas o tempo todo.

Se tivermos sorte, podemos ter transitado para o trabalho que estamos fazendo agora porque ele cresceu a partir de algum interesse e entusiasmo embrionário pelo cargo. Podemos ter entrado no trabalho social porque tínhamos o desejo de ajudar pessoas em situações sociais difíceis ou começado a trabalhar em engenharia porque gostamos de construir coisas, ou termos nos formado como professores porque gostamos de facilitar o aprendizado.

Mas nem todos temos sorte, e talvez tenhamos nos encontrado em trabalhos árduos, fastidiosos e angustiantes que odiamos. Mesmo em empregos que antes nos agradavam, uma mudança organizacional pode transformar o cargo em algo muito diferente. Acho que não conheço ninguém que, em algum momento da vida, não tenha aceitado um emprego apenas pela remuneração.

Meu primeiro emprego na adolescência, trabalhando em uma linha de produção de batatas em uma fazenda, não foi porque eu amava batatas fritas. Eu precisava do dinheiro. No entanto, refletindo sobre esse trabalho, posso ver o surgimento embrionário da minha futura carreira. O que me sustentou naquele ambiente fedorento, frio e de tarefas repetitivas foi desfrutar da presença das diversas pessoas na linha de produção; todas eram fascinantes. Desde então, construí uma carreira baseada em meu interesse pelas pessoas e na forma como se comportam.

O que despertou sua paixão original pelo que faz? Esse primeiro vislumbre de interesse deve ter vindo de algum lugar. O que nos interessa pode levar tempo para evoluir e não ser imediatamente óbvio. Embora todos saibamos que não existe tal coisa como um trabalho para toda a vida, o mesmo pode se aplicar às carreiras. Muitos de nós mudamos de carreira ao longo do caminho, à medida que nossa vida muda, encontrando um novo significado e propósito no que fazemos e nas experiências nas quais tropeçamos.

Se uma paixão pelo que fazemos não ressoa, talvez isso signifique que não estamos fazendo o que é certo para nós. Quando me formei como terapeuta, em meados dos anos 1990, entre os trinta que concluíram o curso, apenas três eram terapeutas ativos quatro anos mais tarde. Os outros acharam que lhes convinha fazer algo diferente, embora uma variação da profissão. No entanto, isso não precisa ser definitivo. Sei de uns dois graduados que voltaram a ser terapeutas muitos anos mais tarde — apenas levou tempo para que eles encontrassem seu significado e propósito.

Muitas pessoas experimentam uma divisão entre o que acreditam gostar no trabalho e as coisas que as motivam fora dele. Alguns exercícios de formação de equipes muitas vezes começam com apresentações daqueles presentes na sala, seguidas pela revelação de algo que outras pessoas podem não saber sobre você. Acho esses exercícios brilhantes, porque compartilham insights fascinantes sobre experiências e realizações além do que é conhecido. Trabalhei com um colega durante um ano antes que o tal exercício de construção de equipe me oferecesse uma nova visão sobre ele. Duas vezes por ano, ele se juntava a equipes de reencenação de batalha. Ele se vestia com as extravagantes roupas da reencenação histórica e se juntava a esquadrões de colegas entusiastas para gritar e lutar em campo. Brilhante!

Não tenho certeza se tais habilidades poderiam ser facilmente transferíveis para seu trabalho, mas isso demonstra a diversidade de experiências que podemos encontrar se dermos uma segunda olhada e nos permitirmos tentar algo diferente. Talvez fosse este o objetivo dessa pessoa: ter um interesse muito diferente fora do trabalho para que que seu lado profissional não a resumisse.

Como vemos pelo equilíbrio entre trabalho e vida pessoal, pode ser útil conectar nosso trabalho com a vida fora dele, de modo que se tornem o todo que somos, em vez de separações díspares e desconexas que brigam umas com as outras. Pode não ser possível ou viável encontrar essa sinergia, mas deve ser uma possibilidade a ser considerada.

O trabalho ocupa uma grande parte de nosso tempo, esforço e vida. Criar um equilíbrio bem-sucedido entre trabalho e vida é modular, modificar e moderar nossas experiências. Trabalhei com muitas pessoas, ao longo dos anos, cujas personalidades no trabalho definiam quem eram. Não há nada de errado com isso, e pode nos ajudar a forjar uma bela carreira. A questão é não nos perdermos ou nos esquecermos nela.

Blair

Lembro-me de encontrar Blair, um ex-chefe financeiro de uma empresa de investimentos global, que era aplaudido e elogiado onde quer que fosse. Ele era brilhante em seu trabalho. Mas, quando se aposentou, não tinha mais o mesmo tratamento vip. Isso o fez perceber que o tratamento vip tinha sido estendido "ao que" ele era, em vez de "quem" ele era como pessoa. O rótulo de vip estava associado ao título do trabalho. Ele entendeu que as regalias são, na maioria das vezes, o que o mantêm em um emprego e oferecem o glamour atribuído ao cargo, mas elas podem ir e vir. Blair fez a transição e encontrou a solução de equilíbrio entre trabalho e vida pessoal, talvez facilitada por um pequeno vinhedo de que ele agora cuida na Toscana.

Objetivo e propósito estão intrinsecamente ligados à forma como nos vemos no trabalho. Alimentamos nosso propósito, ou ele nos alimenta? Ajo, sinto e penso como um terapeuta? Provavelmente. Ou isso é algum estereótipo em que caio? Sociedade, cultura e as normas implícitas e explícitas de nossas organizações formam juntas um conjunto de comportamentos e características associados com a forma como realizamos ou estamos em nosso trabalho. Talvez façamos o que fazemos porque nossa maneira de ser é propícia ao cargo que adotamos? Essas questões filosóficas são fascinantes — mas uma questão prática é se essa tensão funciona *para* nós, ou se gera algum senso de conflito.

Criar um equilíbrio bem-sucedido entre trabalho e vida pessoal envolve garantir que nos encaixemos em nosso mundo de trabalho. Quer nos adaptemos ao nosso trabalho, quer o trabalho se adapte a nós, precisamos nos sentir em sintonia com o porquê de fazermos o que fazemos. Caso contrário, é provável que tenhamos sentimentos de estresse ou tensão enquanto nos esforçamos para encaixar nosso pino redondo em um buraco quadrado.

Algo que nos ajuda muito a desfrutar de nosso trabalho, acima e além do cargo em que atuamos, é o fato de sermos pagos por ele. Todos precisamos ganhar a vida e ter uma renda. Pergunte a uma criança de dez anos o que ela quer fazer quando crescer, e ela provavelmente dirá que quer ser "rica e famosa". À medida que nos tornamos um pouco mais maduros, percebemos que não é tão fácil assim, nem talvez o que de fato precisamos. O objetivo e o significado devem se encaixar.

Ambição e missão

Alguns dos estudantes que vejo em minha universidade escolheram cursos como direito e medicina porque sabem que caso se saiam bem, ganharão um bom salário. Mas em minha experiência, esse não é o principal pensamento do corpo estudantil — em vez disso, a grande maioria estuda essas matérias porque acredita no que faz. Para alguns, o dinheiro é um bônus, não o objetivo máximo.

Não há um simples elixir para encontrar um propósito. Ele tem um significado e uma construção muito individual. O que me dá um propósito pode ser muito diferente para você. A chave é estar aberto a uma gama de experiências — algumas ressoarão; outras, não. As reencenações de batalha não ressoam comigo, mas você já pensou no que isso pode lhe oferecer: trabalho em equipe, competitividade, conhecimento histórico, reuniões ao ar livre, exercício, gritos?

Em um contexto de trabalho, o objetivo nos permite desenvolver habilidades e nos desafiar constantemente. Em última análise, precisamos gostar do que fazemos. Mas por onde começamos? Podemos ser influenciados por pais, família e amigos. Essa pode ser uma oportunidade para construir sua equipe dos sonhos relativa a propósitos, na qual você identifica dez contatos em diferentes tipos de trabalho. Fale com eles, entenda o que os impulsiona ou os incomoda em seu trabalho.

Quando soube que a agricultura e, em particular, a linha de produção de batatas não era a carreira para mim, meus pais me colocaram com um amigo da família que trabalhava como corretor de ações na bolsa, em uma empresa da cidade. Tive uma semana de experiência de trabalho que foi fascinante, mas, no fim, não era para mim.

Encontrar um propósito requer descobrir o que se conecta conosco e o que não se conecta. Precisamos da oportunidade de experimentar, a fim de abrir um caminho de curiosidade e interesse. Podemos nos beneficiar da orientação, da direção e do incentivo dos pais, porém isso tem que acontecer no ritmo certo. Se nos sentirmos direcionados a determinada trajetória de carreira, podemos reagir adversamente a isso. Por outro lado, o encorajamento limitado pode gerar apatia e desmotivação. Precisamos encontrar o que se encaixa em quem somos e o que nos dá satisfação, prazer e desafio.

Contrato psicológico

Se estamos forjando uma nova trajetória de carreira ou nos estabelecendo em nossa atual, nossa relação com nosso emprego, ou melhor, com nossa organização, é importante. Podemos ganhar remuneração e um senso de identidade de trabalho, mas há mais do que isso. O contrato psicológico é um termo usado para descrever as expectativas informais entre nós, como funcionários, e nossa organização, como empregadores.

Em geral, somos entrevistados para um emprego porque atendemos a critérios essenciais e desejáveis para uma descrição de trabalho. Com base nisso e caso consigamos o emprego, o contrato de trabalho estabelece as condições essenciais para nosso cargo — o trabalho esperado e os "benefícios" em troca. O contrato psicológico vai além disso, para incluir elementos do trabalho que criam mais significado e valor. Embora o salário seja importante, talvez o treinamento, o avanço e o desenvolvimento possam ser mais benéficos.

Além do contrato formal de trabalho, podemos suscitar expectativas em desenvolvimento que, embora não escritas, nos dão um impulso de incentivo e motivação. Um caso clássico é quando farejamos uma oportunidade de obter avanço ou promoção se cumprirmos certos critérios, geralmente não especificados. O problema é que isso pode ser uma aposta que pode não entregar o resultado esperado.

O contrato de trabalho tem nossos termos profissionais claros e inequívocos. O contrato psicológico, entretanto, é em grande parte pouco claro e ambíguo. Ambos são importantes. O primeiro é mais funcional e prático, dando-nos um mapa para o que nos é exigido — o *que* fazemos. O contrato psicológico existe em grande parte para as inter-relações e as regras implícitas e tácitas de comprometimento — a *forma como* o fazemos.

As organizações são prejudicadas por funcionários insatisfeitos que tiveram as esperanças frustradas com base em um conjunto equivocado de expectativas, ou contrato psicológico. Se oferecermos mais do que sentimos que recebemos em troca, o contrato psicológico terá sido violado. Quando isso acontece, a relação entre nós e nosso local de trabalho pode desabar, às vezes de forma definitiva. Logo, o impacto sobre o equilíbrio entre trabalho e vida pessoal se rompe, e é provável que resmunguemos fazendo o mínimo necessário ou deixando o emprego.

Ser politicamente perspicaz

Ser "politicamente perspicaz" não se trata de tentar entender a política governamental; ao contrário, é política com um "p" minúsculo — a micropolítica da vida cotidiana, as decisões e escolhas do dia a dia que influenciam nossa identidade pessoal e profissional, nossos relacionamentos e nossas aspirações. Desenvolver um radar de intuição para esses sinais não falados e não escritos da vida organizacional (inclusive, as várias formas de comunicação e escuta que foram discutidas no Capítulo 2 podem limitar o potencial de um contrato psicológico violado).

Nesse caso, não há nenhum livro de regras; trata-se, antes, de aprender como as pessoas são e como se comportam. Pode ser um pouco chocante, mas nem sempre as pessoas dizem a verdade. Mesmo quando dizem, pode ser uma verdade parcial ou uma maquiagem da verdade.

Veronika

Depois de dois anos trabalhando rumo a uma parceria em sua corporação de arquitetura, Veronika descobriu que o cargo tinha sido oferecido a um colega. À medida que conversamos sobre sua intensa decepção e confusão, começamos a apurar o que havia acontecido. Houve um mal-entendido entre Veronika e seu chefe sobre as medidas que ela precisaria tomar para melhorar suas perspectivas de parceria. A ambiguidade e os sinais mal lidos aumentaram a esperança de Veronika e direcionaram mal os esforços que ela estava fazendo para progredir.

Podemos buscar melhor a política implícita de nosso ambiente ouvindo e observando. O que está acontecendo ao nosso redor? Do que as pessoas estão falando formalmente, o que é importante, o que também está acontecendo sob a superfície? Quais são os medos, as esperanças, as ansiedades e os interesses? Qual é o ritmo do departamento? Fazer isso pode nos ajudar a desenvolver um radar social ou uma empatia grupal que ressoa com nossa intuição e nosso "sentimento instintivo".

A linguagem corporal e os sinais faciais podem nos dizer mais do que palavras. Nosso chefe pode estar nos sugerindo a possibilidade de uma promoção baseada em nosso próximo grande projeto. Mas se ele estiver dizendo isso com os braços cruzados, olhando para o chão ou coçando o nariz, é provável que tenhamos pegado algo contraditório. Os sinais podem não ser tão óbvios como esses, mas mesmo a ausência do contato olho no olho pode sinalizar mais do que... bem, do que olhos podem ver.

Mas não se trata apenas de como as outras pessoas se comportam. Saber quando ser respeitoso, diplomático ou assertivo pode influenciar como os outros reagem a nós e como conseguimos que as coisas sejam feitas. Se detectarmos sinais de desconfiança nos outros, temos a oportunidade de nos tornar mais transparentes, abertos, congruentes e honestos com eles para modelar como gostamos de ser. Talvez precisemos demonstrar confiança e segurança em alguns contextos, mas refletividade e contemplação em outros.

Cada organização, departamento e equipe é diferente porque é formado por uma comunidade diversificada de indivíduos únicos com sua própria mistura de esperanças e sonhos, motivações e expectativas. A atitude, a abordagem e o compromisso com o trabalho também podem influenciar a dinâmica. O segredo é promover essa

A confiança é muito importante no trabalho, e ainda assim não existe um livro de regras ou programa de treinamento. A pessoa que sorri gentilmente todos os dias quando passa por você pode ser a pessoa que enfia a faca metafórica nas suas costas quando menos se espera. Isso não quer dizer que precisamos desconfiar de todos — isso não seria forma de viver, na minha opinião —, mas a confiança precisa ser conquistada. E isso vale para os dois lados. Lembre-se: como demonstrará que podem confiar em você? Sabedoria e experiência vêm de saber em quem confiar, por quê, como e quando confiamos neles. Em última análise, as pessoas que identificamos como nossos colegas de confiança serão aquelas com quem podemos contar e que nos ajudarão a administrar melhor nosso equilíbrio entre trabalho e vida pessoal.

Desenvolvimento profissional

Nadar pelo mar obscuro e inexplorado da vida organizacional não é só encontrar formas de subir a escada corporativa. Conforme os processos mudam, a tecnologia avança e as empresas se adaptam para se manterem à frente da concorrência, talvez precisemos nos desenvolver apenas para nos mantermos à altura. Podemos conhecer a ordem hierárquica de nossa equipe e onde nos "encaixamos", mas as pessoas vêm e vão, e novos funcionários podem surgir com mais experiência ou habilidades do que nós.

Se tivermos as habilidades para fazer nosso trabalho, vamos fazê-lo melhor e mais rápido do que se não as tivermos, o que, é claro, alimenta nossas escolhas em torno do equilíbrio entre trabalho e vida pessoal. Algumas de nossas necessidades de desenvolvimento podem ser claras, mas com outras podemos precisar de tempo para planejar metas de longo prazo. O primeiro passo é avaliar se temos o suficiente por enquanto. Depois, trata-se de antecipar necessidades, demandas e tendências.

Um "consultor" no Reino Unido não é atualmente uma profissão regulamentada, o que significa que qualquer pessoa pode se chamar de consultor. Nosso corpo profissional, a Associação Britânica de Aconselhamento e Psicoterapia (British Association for Counselling and Psychoterapy — BACP) — (existem alternativas igualmente respeitáveis) —, exige que os membros registrados cumpram critérios mínimos para se afiliar. Para muitos consultores, isso tem sido suficiente para conseguir trabalho. A BACP também oferece credenciamento para aqueles que cumprem um conjunto mais elevado de critérios, um processo moroso e árduo. No passado, a maioria dos consultores optou por não se credenciar porque havia muitos empregos que não exigiam isso. Como mais pessoas foram atraídas pelo aconselhamento como carreira, a oferta agora supera a demanda, o que significa que os recrutadores estão cada vez mais pedindo por consultores credenciados. A economia tem estabelecido os parâmetros.

As traves do gol podem se estreitar, e o fazem. Em minha área de aconselhamento, a oferta e a demanda determinaram a necessidade de maior desenvolvimento profissional. Por outro lado, a "capital de petróleo e gás da Europa", Aberdeen, sofreu uma recessão econômica dramática nos últimos cinco anos. Em 2012, um barril de petróleo bruto atingiu quase 130 dólares, depois despencou em 2016 para cerca de 25. No nordeste da Escócia, todos foram afetados pela enxurrada de demissões. Em meados de 2019, o preço subiu novamente para cerca de 75 dólares, tornando a indústria lucrativa mais uma vez. Aqueles que foram demitidos, em grande parte, se transferiram para outras áreas, o que significa que agora o setor está desesperado para contratar, oferecendo incentivos atraentes que fazem lembrar os anos da corrida do petróleo.

Tudo isso para dizer que, embora possamos pensar que temos as habilidades hoje baseadas em grande parte no tempo de experiência, às vezes precisamos daquele pedacinho de papel que nos dá a qualificação, o prêmio ou o certificado — sem considerar o aprendizado adicional envolvido em *ganhar* aquele pedacinho de papel.

Ao considerarmos o que devemos buscar em nosso desenvolvimento profissional, vale a pena refletir sobre se precisamos melhorar as coisas em que não somos bons ou nos concentrarmos em nossos pontos fortes. Ao equilibrar seus esforços entre trabalho e o resto de sua vida, onde sua energia e seu investimento podem ter maior impacto?

Dica

Mesmo qualificados, podemos descobrir que alguns órgãos de associação e/ou educacionais são considerados de maior prestígio do que outros. Vale muito a pena o investimento de tempo, esforço e energia para investigar quais associações profissionais são mais respeitáveis e reconhecidas em termos de qualificação, e para considerar um cálculo de custo-benefício dos méritos de desenvolvimento profissional.

Mitch

Mitch era um paisagista de sucesso com uma pequena equipe de "ajudantes" freelancer. Ele veio me ver porque vivia ouvindo que precisava estar presente em redes sociais, para "construir seu perfil" — porém odiava computadores e odiava ainda mais redes sociais. Ele queria que eu incutisse nele algum entusiasmo mágico para fazer o que ele estava resistindo. Entretanto, quando auditamos seu negócio e avaliamos seu próprio conjunto de habilidades, concluímos que sua estratégia atual era apropriada, e era questionável se seu tempo com as redes sociais valeria a pena. Mitch tinha um ótimo relacionamento com os clientes, e isso era o que mantinha um fluxo constante de trabalho e gerava mais oportunidades por meio do boca a boca.

Melhor ainda: ao conduzirmos essa avaliação, descobrimos também que ele era um pouco negligente na gestão de suas contas, o que significava que alguns clientes não lhe pagavam a tempo ou nunca pagavam, e sua equipe ficava frustrada com os salários flutuantes e esporádicos. Sua solução foi adotar o uso de um software de contabilidade (um simples) e gastar mais tempo de rotina nisso, em vez da temida "presença on-line". Como resultado, melhorou seu fluxo de caixa, permitindo-lhe pagar a um ajudante mais que disposto a administrar suas redes sociais, de uma forma com a qual ele só poderia ter sonhado.

Ao considerarmos como nos desenvolver profissionalmente, uma perspectiva inversa interessante pode valer a pena. Passar tempo ajudando os outros a se desenvolver não só os ajuda e à equipe, mas também pode reforçar e consolidar nossas próprias habilidades. Então, as pessoas que ajudamos também podem encontrar uma forma de nos ajudar em troca. Estratégia *win-win*!

Ação de equilíbrio trabalho-vida pessoal

Análise Swot

Você pode estar familiarizado com o modelo de análise. Pontos fortes, pontos fracos, oportunidade e ameaças (*Strengths, Weaknesses, Opportunities, and Threats* — Swot). Vale a pena aplicá-lo às suas necessidades de desenvolvimento profissional, revisá-lo e atualizá-lo regularmente. A análise Swot é creditada a Albert Humphrey, da Universidade de Stanford, nos anos 1960 (embora ele negue a autoria, por isso a origem não é clara). Quem a inventou, então, é um herói não celebrado.

Os exemplos a seguir podem ou não funcionar para você; portanto, adapte-os para se adequarem a você e ao seu mundo de trabalho. Os pontos fortes e fracos são normalmente mais referentes a você ou pessoais, enquanto oportunidades e ameaças são em grande parte externas. O único tópico consistente aplicável a cada categoria é "relações pessoais" e em que ponto elas ajudam ou dificultam:

PONTOS FORTES	experiências, treinamento, realizações, valores, ética no trabalho, integridade, flexibilidade
PONTOS FRACOS	limitações, deficiências de habilidades, gestão do estresse, habilidades de delegação, procrastinação
OPORTUNIDADES	mentoria, networking, conexões, reputação e perfil profissional
AMEAÇAS	competição e mudança externa e interna, novos sistemas e processos, incluindo TI

Embora esse modelo se aplique à vida profissional, é necessário refletir um pouco sobre o impacto em nossa vida fora do trabalho. Uma nova qualificação poderia abrir novas oportunidades profissionais. Mas se ela exigir dias de trabalho mais longos, como isso se encaixaria em nosso equilíbrio entre trabalho e vida pessoal? Embora possamos não ter sempre em mente o equilíbrio entre a vida profissional e a vida pessoal, devemos pensar em quais decisões estão influenciando isso.

Busca de conhecimento

Há um limite para o que podemos saber. Podemos saber o que sabemos... mas será que sabemos o que *não* sabemos? Quem sabe! Os sistemas de educação podem colocar ênfase na aquisição de conhecimento à custa de aprender sobre pensamentos, sentimentos, emoções, como agir, como ser e como viver nossa vida.

Lembro-me de aprender que o rei Harold II da Inglaterra foi morto por uma flecha no olho na Batalha de Hastings, em 1066, mas não sei muito bem como aprender esse fato melhorou minha vida. De toda forma, sinto pena de Harold. Deve ter sido realmente doloroso.

Nossa educação nos permite passar por uma série de marcos acadêmicos que nos ajudam a avançar em cada etapa, desde a creche ou escola primária até o ensino médio, depois talvez faculdade ou universidade, possivelmente cursos de pós-graduação, e assim por diante. Qualquer que seja a etapa da nossa vida, a busca por essas qualificações pode ser estressante. Fazemos o que podemos, e esperamos alcançar as notas ou os resultados que buscamos. Cada conjunto de resultados abre um novo e diferente caminho à frente. Há pressão para nos sairmos bem e conquistar bons resultados: de pais, família, amigos e de colegas. No entanto, provavelmente a maior parte dessa pressão vem de nossas próprias altas expectativas em relação a nós mesmos.

Então, como administramos essa pressão contínua passo a passo? Em minha experiência, uma dose de realidade pode nos dar uma vacina contra o estresse. Não seremos todos os melhores alunos da classe — e fora do ambiente estressante de exames ou testes, ser o melhor da classe não é o que mais importa. O que mais importa, para mais pessoas em mais situações, é desenvolver um temperamento curioso e inquisitivo — assim encontramos a maneira de gostar de *aprender* e descobrir sobre as coisas, ao contrário da mera aquisição de conhecimento.

Aqui estão alguns exemplos do que quero dizer. Posso pensar em um par de alunos de doutorado em minha universidade que, no decurso do aconselhamento, refletiram sobre o que os levou aonde estavam. Ali, uma botânica pôde retornar ao seu fascínio por insetos, que começou quando tinha cerca de cinco anos e salvou uma abelha inerte; e Stefan, um engenheiro, lembrou que desmontava aparelhos de rádio velhos, apesar de nunca mais conseguir montá-los de volta.

Aprendemos testando e explorando, mesmo que nem sempre saibamos para onde estamos indo. É a jornada de descoberta que põe em marcha nossa curiosidade inata. Uma parte fundamental do aprendizado é cometer erros. Não necessariamente de propósito, é claro — mas Stefan pode ter forjado o caminho de sua carreira porque queria aprender a montar as partes novamente.

Os erros não são necessariamente "ruins" ou errados, e também não devem ser evitados. Caso contrário, nunca aprenderemos. Às vezes, precisamos assumir riscos para compreender e apreciar nossos limites e limitações. Danny MacAskill, um ciclista de acrobacias escocês de renome mundial, reuniu uma coleção de vídeos on-line demonstrando suas acrobacias assombrosas. Ele também conseguiu uma série de ossos quebrados ao longo dos anos. No entanto, isso o impulsiona, em todos os sentidos, a refinar e aperfeiçoar suas habilidades. Ele está sempre aprendendo, ampliando seus limites e alcançando cada vez mais proezas de habilidade e resistência.

De uma perspectiva de saúde, segurança e bom senso, não obstante os erros possam representar uma valiosa experiência de aprendizagem, precisamos entender as consequências potenciais. A gestão de riscos é uma parte crucial do aprendizado. O talento de Danny, sem dúvida, inclui sua avaliação do risco comparado com as capacidades da bicicleta e suas habilidades apuradas de desempenho.

Se pensarmos em nossa infância, algumas das experiências mais memoráveis terão incluído situações que tiveram um resultado inesperado. Não saber ou não ter expectativa nos permite absorver a riqueza das experiências e colher os frutos da novidade. Se a vida fosse previsível, seria bastante enfadonha. O desconhecido não é apenas crucial, mas uma necessidade.

Nem sempre vamos saber as coisas por nós mesmos. Outras pessoas podem ter as respostas; trata-se de saber a quem perguntar e quando. Não devemos nos envergonhar de fazer perguntas ou de compartilhar nosso conhecimento se alguém perguntar. Tendemos a gostar quando alguém nos faz uma pergunta à qual podemos responder; isso alimenta nossa própria busca de aprendizado.

Eu costumava trabalhar com um colega que tinha sido finalista na competição de conhecimentos gerais da BBC, *Mastermind*. Ele tinha um cérebro do tamanho de um planeta, parecia saber de tudo.Era um leitor voraz e gostava de aprender e testar seus conhecimentos. A M8 é uma autoestrada com quase cem quilômetros de extensão que une Edimburgo e Glasgow e, como todas essas estradas no Reino Unido, tem marcadores de distância a cada cem metros para identificar locais em caso de acidentes. Ele havia memorizado os números para cada local de marcação e podia dizer onde você estava em qualquer ponto da autoestrada. Genial. Por que ele precisava saber disso? Ele não precisava, mas o trajeto daquele trecho despertou seu interesse.

Para nós, meros mortais, que podemos ter dificuldades até para lembrar uma conversa que tivemos no dia anterior, nosso cérebro pode exigir que nos concentremos em saber o que precisamos saber. Trata-se também de aceitar os limites de nosso conhecimento e estar de acordo com isso, em vez de intensificar a resposta de estresse e entrar em pânico sobre lacunas de conhecimento.

Poderíamos consumir conteúdo em nossos telefones quando temos um tempo livre, verificando as notícias, pesquisando os classificados ou vendo fotos no Instagram... e isso está ok. Contudo, por que não tentar aprender algo novo? Descubra o autor de uma frase que você usa, procure uma receita diferente para um prato favorito, aprenda uma nova palavra por dia, procure informações sobre um pássaro ou planta que você notou recentemente, pesquise como algo funciona etc. As opções são infinitas e, eu sugeriria, muito mais satisfatórias do que olhar as fotos de férias de um amigo em Benidorm!

A maioria dos empresários de sucesso não é sobre-humana. O que eles costumam ter em comum é aceitar seus próprios limites e ter a iniciativa de solicitar os conselhos, as habilidades, os conhecimentos e a perícia daqueles que podem preencher as lacunas. Isto é o que também faz uma equipe funcionar de forma ideal: ter uma diversidade de talentos para que o efeito de sinergia proporcione o funcionamento com a capacidade total.

Pode ser um alívio aceitar que não precisamos saber tudo, ao mesmo tempo que reconhecemos que podemos adquirir um enorme enriquecimento emocional, psicológico e intelectual, ao escolhermos estar abertos ao aprendizado. Deixar crescer as raízes de nossa criatividade nos permite criar nosso próprio arco decorativo de galhos.

Elva

Em seu último ano do doutorado em filosofia e política, Elva veio me ver com ansiedade aguda associada à apresentação da tese. Essa seria a conclusão de nove anos de estudo acadêmico entrando em sua última fase, desde o curso de graduação, mestrado e mais além. A tese era boa o suficiente? Nós a dividimos em: a) era boa o suficiente para ela e b) boa o suficiente para obter seu doutorado? Respectivamente, não e sim. Para Elva, ela poderia passar o resto da vida aprendendo mais sobre o tema, mas era mais do que suficiente para conseguir seu doutorado. Trabalho feito. Tapinha nas costas. A busca de conhecimento de Elva foi atendida e satisfeita ao encerrar esse capítulo em particular, antes de precisar passar para a próxima etapa da carreira.

Criar um equilíbrio bem-sucedido entre trabalho e vida pessoal envolve a busca do conhecimento em todas as formas, quer se trate de paternidade, compreensão das finanças pessoais, quer se trate de nos tornarmos especialistas em nossa área de trabalho. Não há um verdadeiro ponto-final em mente; é necessário apenas manter a inclinação, o entusiasmo, a alegria e a paixão pelo aprendizado.

Adaptação a uma nova função ou emprego

Todos somos "a nova pessoa do pedaço" em vários estágios de nossa vida: seja em uma organização, começando a trabalhar por conta própria, mudando de casa ou após um evento significativo em nossa vida. Pode levar muito tempo e esforço para saber o que precisamos fazer e como fazer. Mostrar entusiasmo e comprovar nosso valor é importante, mas também precisamos encontrar nosso ritmo e entender que será necessário tempo para adquirir conhecimentos e habilidades. Assumir tarefas demais pode levar ao esgotamento, o que pode ser contraproducente para causar uma impressão positiva.

Se estamos iniciando um novo trabalho, a descrição dele que recebemos na fase de candidatura à vaga pode dar alguma orientação para o que esperaram de nós, e deduções podem nos dar algum contexto organizacional. A compreensão do essencial do trabalho, entretanto, virá com a experiência e o dia a dia.

Todos temos necessidades diferentes quando começamos. Alguns só querem ser deixados em paz para criar o próprio caminho, outros podem precisar de uma trajetória mais estruturada e orientada. Compreender e comunicar nossas necessidades facilitará a transição ao longo dos primeiros dias e oferecerá alguma estrutura. Mesmo com a melhor estrutura do mundo, um novo cargo pode ser estressante precisamente *por* ser novo e por estarmos começando a entender a dinâmica do ambiente de trabalho, bem como nosso papel específico dentro dele.

Também estamos construindo novos relacionamentos. Alguns de nossos colegas podem nos receber de braços abertos e com um sorriso genuíno e entusiasmado. Outros podem ser mais cautelosos e desconfiados, inseguros sobre quem somos, como fazemos as coisas e quais podem ser nossas motivações. A confiança precisa ser construída de todos os lados a partir do zero.

É útil considerar as tendências e os antecedentes do ambiente de trabalho. É raro que uma equipe não tenha algum tipo de bagagem emocional; talvez tenha havido desacordos entre colegas no passado que ainda permanecem, ou algumas consequências residuais de ameaças recentes de demissão ou um sentimento geral de desconforto devido a mudanças organizacionais. Tudo isso pode criar um ambiente tóxico que pode nos exaurir, involuntariamente. Trata-se de saber onde e como nos posicionarmos e escolher cuidadosamente como acrescentar nossa presença a uma situação complexa. Se concordarmos, empatizarmos ou simpatizarmos, isso pode ser interpretado como conluio. Todavia, se desconversarmos, podemos ser vistos como distantes ou como alguém que não gosta de trabalhar em equipe. É um equilíbrio complicado, e o tempo dirá se nossa resposta ou reação é a correta para nós.

O componente de equilíbrio entre trabalho e vida pessoal de adaptação a um novo cargo ou emprego é potencialmente imenso. Quanto tempo e esforço podemos ou precisamos dedicar? Algumas situações podem exigir que mergulhemos fundo, dedicando mais tempo do que queremos. Entretanto, se nossa equipe ou nossos chefes perceberem o enorme esforço que estamos fazendo, isso pode criar uma expectativa para o futuro? Como encontramos o equilíbrio quando tudo é novo?

Nós nos encaixaremos em algum lugar na hierarquia organizacional, e nossa atitude e comportamento influenciarão nossa maneira de ser no trabalho. Cabe a nós determinar de que forma apresentar essa *persona* de trabalho, pois será como as pessoas nos verão ou avaliarão. Podemos achar que ser o brincalhão da equipe nos torna cativantes, mas essa ideia pode entrar em conflito com a visão que outros têm de nosso profissionalismo. Por outro lado, se formos muito sérios e evitarmos nos enturmar, podemos ser considerados indiferentes. Todos queremos trabalhar com pessoas que tornam nossa vida profissional mais agradável. Algumas vezes, isso significa ter senso de humor; em outras, não. Temos que encontrar o que é apropriado em uma espécie de consciência empática social.

As avaliações e o feedback são medidas úteis de desempenho, portanto os *check-ins* regulares podem ser inestimáveis. As reuniões *Keep-In-Touch* (KITs) oferecem uma oportunidade para discutir tanto questões formais de trabalho quanto aspectos informais mais generalizados para uma função. Se você é um gerente, experimente-as com sua equipe. Se tiver um gerente ou chefe, peça a ele para que organize uma dessas reuniões. Tudo isso é material de desenvolvimento profissional.

A maioria dos novos empregos virá com um período de experiência, dentro do qual precisamos demonstrar que estamos fazendo o trabalho para o qual fomos contratados. Isso dá aos empregadores uma janela contratual para que nosso emprego possa ser rescindido ou encerrado se não correspondermos à expectativa. Também nos dá uma chance de considerar se o emprego é adequado para nós ou não. Esse é um período crucial, que põe em movimento como nos adaptamos a nosso papel. Algumas organizações estão mais minuciosas com relação a isso do que outras, portanto é necessário calibrar as expectativas. Podemos ter nos dedicado ao preenchimento do formulário de candidatura, esforçado-nos na entrevista e conseguido o emprego desejado, porém não termina por aí. Esse é apenas o começo.

Simone

Depois de uma carreira em administração, Simone fez uma transição para uma pequena empresa de comércio atacadista de produtos de luxo para o mercado varejista local. Ela havia identificado com precisão um nicho e rapidamente construiu uma cadeia de fornecimento bem-sucedida, o que a obrigou a recrutar uma equipe de apoio. Na teoria, sua equipe de cinco pessoas era adequada e tinha boa experiência administrativa e operacional para a função. Mas nenhum deles permaneceu por muito tempo; todos abandonaram rapidamente o negócio. Simone foi percebendo que sua maior angústia era recrutar e reter pessoal. Realizamos uma entrevista de saída anônima por escrito com os funcionários que estavam deixando a empresa e logo descobrimos algumas tendências interessantes. Simone tinha o hábito de fazer exigências de carga de trabalho pouco razoáveis e de se apresentar como muito superior e distante, o que fazia com que as pessoas se sentissem diminuídas, desvalorizadas e desrespeitadas. Embora receber esse feedback tenha sido inquietante para Simone, permitiu que ela abordasse "seus problemas" e melhorasse seu relacionamento com a equipe.

TABELA 3.1 Autoavaliação

	Excelente	Satisfaz as expectativas	Precisa melhorar	Insatisfatório	Mudança de estratégia?
Comunicação					
Feedback					
Delegação					
Produtividade					
Assiduidade					
Profissionalismo					
Trabalho em equipe					
Desenvoltura					
Tomada de decisões					
Criatividade					
Confiabilidade					

	Excelente	Satisfaz as expectativas	Precisa melhorar	Insatisfatório	Mudança de estratégia?
Flexibilidade					
Liderança					
Empenho					
Motivação					
Qualidade do trabalho					
Iniciativa					
Integridade					
Conhecimento					
Convivência					

Como Simone descobriu, os relacionamentos são fundamentais para se estabelecer em uma nova função ou cargo, seja você o chefe, seja um dos membros da equipe. Muitas avaliações e análises dos funcionários tendem a convidar os avaliados a dar um feedback ascendente sobre seu chefe. O feedback de 360 graus também é usado para propósitos similares. Não é preciso esperar por processos formais. Podemos apenas perguntar: "Como estou indo?".

Ação de equilíbrio trabalho-vida pessoal
Autoavaliação

Vale a pena ficar de olho no desempenho profissional avaliando a si mesmo ou fazendo com que outros deem um feedback. Isso pode lhe dar algum aviso prévio para se adaptar ou mudar.

Percorra a lista da Tabela 3.1 (ou compile sua própria lista), classificando-se de "insatisfatório" a "excelente". Se você tiver a chance, pode pedir a algumas pessoas de confiança que avaliem também, mas tenha certeza de que pode confiar nelas para não receber avaliações falsamente positivas!

Quando tiver identificado seus pontos fortes e suas áreas de desenvolvimento, use a coluna da direita para anotar ideias de como pode fazer as mudanças necessárias. O objetivo é manter ou melhorar o que já está fazendo bem, ou fazer ajustes em áreas que precisa melhorar.

Gerenciamento de mudança

A mudança é a única constante em nossa vida, especialmente no trabalho. O modo como lidamos com a mudança nesse ambiente impacta nosso equilíbrio entre trabalho e vida pessoal. Precisamos acompanhar as tendências; desenvolver maneiras novas, melhores e aperfeiçoadas de fazer as coisas; responder e nos adaptar ao comportamento do cliente; e nos manter um passo à frente da concorrência, organizacional ou entre colegas.

Gerenciando as mudanças que acontecem com você

Apesar da imutabilidade da condição de mudança, a maioria de nós não gosta dela. Preferimos o que é seguro e familiar, assim como compreender a estrutura em que operamos. Quando há alguma ameaça no *status quo*, muitas vezes nos retraímos e retaliamos o desconhecido e o indesejável. Essa resistência ocorre porque a experiência da mudança pode parecer uma perda do conhecido e a entrada em um novo território. Talvez, como com qualquer perda, precisemos refletir sobre como era antes, para que possamos distinguir o período, processá-lo e seguir em frente. O medo da mudança pode ser mais impactante do que a mudança em si, sobretudo se exagerarmos as consequências e os resultados. Quando olhamos para trás, a mudança raramente é tão ruim quanto temíamos. Muitas vezes, veremos como faz sentido e tem sido positiva. Mas não gostaríamos de admitir isso, não é verdade?

É certo que algumas mudanças estão longe de ser positivas, pelo menos não no momento. Por exemplo, quando grandes empregadores em uma área encerram as atividades ou mudam o local de operação, isso pode ser devastador para a comunidade local de várias maneiras, além da perda imediata de empregos. Pode levar décadas para que a região se recupere, se é que se recupera de alguma forma. Pode nunca mais ser a mesma, ou como era, mas isso não significa que devemos perder a esperança. Em muitas situações, as comunidades se adaptarão às mudanças com novos grupos comunitários, empreendimentos sociais e coletivos de trabalho que não existiam antes.

No fim dos anos 1990, fui contratado por uma corporação multinacional para apoiar uma equipe de vinte vendedores de alto rendimento que estavam para saber se tinham mantido seus empregos ou se lhes seria oferecido uma proposta de rescisão. Passei duas horas com cada um deles, ao longo de uma semana, para ajudá-los a se ajustar e a lidar com a mudança.

Sete dos vinte mantiveram o emprego, os outros receberam uma indenização bem generosa. Com meu comportamento empático preparado para um espectro de emoções intensas e voláteis, fui inesperadamente confrontado por uma alegria e entusiasmo unânimes. Parecia que todos tinham avaliado os prós e os contras de ambas as opções e aceitado qualquer uma das duas.

Isso me fez perceber que podemos lidar melhor com a mudança se soubermos mais sobre o contexto e a lógica dela, pois podemos então avaliar as consequências e as oportunidades. Também podemos fazer essa avaliação reconhecendo as emoções associadas à mudança e os sentimentos de quaisquer perdas que possam ou não surgir. A obtenção de fatos ajuda a remover a ambiguidade e a incerteza que podem ser os motores da sobrecarga emocional.

Conor

Após trabalhar desde a posição de estagiário até a de redator assalariado, em uma agência de relações públicas, Conor ficou encarregado da produção criativa para uma grande empresa de serviços públicos. Ele era bom em seu trabalho e tinha ganhado vários prêmios. Quando chegou o momento da renovação do contrato, sua agência perdeu para a concorrência. Embora ele tivesse tido pouquíssima influência na negociação, Conor foi "demitido" sem-cerimônia porque o contrato não estava mais disponível para pagar seu salário. Conor sentiu que isso era injusto, desleal e desnecessário, e levou um tempo considerável para reconquistar sua autoconfiança. Após processar a perda, queria ter maior controle sobre seu trabalho e decidiu tornar-se um redator freelancer. Suas habilidades falavam por si e o fizeram conquistar importantes trabalhos.

Gerenciando mudanças dentro de suas atribuições

Uma coisa é ser vítima de uma mudança que nos foi imposta, outra é ser arquiteto dela. Em muitas etapas da vida, seremos a pessoa que precisa fazer mudanças: decisões pessoais a fim de recalibrar nosso equilíbrio entre trabalho e vida pessoal ou para o benefício das equipes das quais fazemos parte. A maioria das mudanças não acontece sem motivo, como diz o ditado popular: em time que está ganhando não se mexe.

Quanto mais consideração e esforço forem aplicados na elaboração de uma estratégia de mudança que limite os danos, mais chances haverá de ela ser eficaz. Se partirmos do princípio de que haverá alguma resistência, podemos nos preparar para compensar as ansiedades previamente e compreender o contexto. Fatores de tempo para isso: precisamos alocar a quantidade certa de tempo para trabalhar no processo, mas não tanto que ele se torne contraproducente.

Aqui está um exemplo. Fui chamado, já no fim do processo de mudança, a um call center que havia anunciado que estava se transferindo para um novo local, construído para esse fim. À primeira vista, o edifício representava uma melhoria significativa em termos de espaço e instalações. Estava a apenas um quilômetro e meio de distância do local anterior. Entretanto, a equipe não havia sido consultada ou não havia sido suficientemente preparada, o que gerou muita ansiedade e angústia. A tensão estava em grande parte associada a essa falta de comunicação e a como os funcionários se sentiam secundários em relação à mudança. Isso também impactaria aqueles que tinham feito os preparativos escolares e de cuidados domiciliares, levando em consideração o local anterior. Enquanto muitos acabaram se ajustando à mudança, os danos já tinham sido feitos.

Embora esse exemplo envolvesse uma mudança de distância relativamente curta, há vezes em que as organizações tomam decisões muito mais significativas, tornando impossível para alguns funcionários conciliar ou gerenciar as mudanças. O que pode desencadear uma potencial agitação, especialmente para aqueles com famílias. Às vezes, um equilíbrio entre trabalho e vida pessoal significa tomar uma decisão extrema de deixar uma situação de trabalho difícil e insustentável — permanecer em um ambiente desconfortável pode ter efeitos adversos sobre nosso bem-estar físico e mental, nossas relações em casa e nosso foco no trabalho. É importante considerar todos os aspectos da situação, pois embora haja consequências relacionadas à renda, a saúde pode ser uma prioridade maior.

A mudança precisa ser *decisiva*, não *divisiva*. Isso é possível pela clareza do porquê de a mudança estar acontecendo e, mais importante, como. A parte do "como" tende a esclarecer as consequências e as oportunidades. Também pode ser um pouco de mudança de mentalidade. Podemos resistir à mudança, mas isso geralmente cria um conflito externo e interno por si próprio. Podemos sofrer uma enorme angústia, frustração e tensão. Mas para quê? Provavelmente, levaremos esse estresse para casa e influenciaremos nosso equilíbrio entre trabalho e vida pessoal.

As opções para o que podemos fazer serão diferentes, dependendo da situação, mas é provável que incluam o reconhecimento e a gestão da resposta emocional, a proteção contra o pensamento negativo ou catastrófico e mudança de comportamento. A parte do comportamento pode envolver fazer perguntas sobre a mudança, colaborar com outros ou estabelecer como podemos adquirir quaisquer novos recursos, ferramentas ou habilidades para amortecer a mudança.

De alguma forma, precisamos adaptar e integrar as mudanças. Será que ela fará melhorias em nossa vida profissional? Oferecerá novas oportunidades? Podemos encontrar uma solução para que melhore nosso equilíbrio entre trabalho e vida pessoal? A adaptação geralmente envolve a capacidade de comunicar, colaborar e participar.

Todos nos adaptamos à mudança e nos tornamos promotores dela. Porém a resistência, até certo ponto, é normal. O modo como escolhemos responder é nossa responsabilidade. Podemos pensar que não temos escolha em relação à mudança, e isso pode ser verdade, mas podemos escolher como nos sentimos, pensamos e agimos em relação a ela. O equilíbrio entre trabalho e vida pessoal consiste em fazer escolhas sobre onde e como nos apresentamos dentro do ambiente de trabalho. É um processo de aprendizado, e ninguém é perfeito.

A realidade do perfeccionismo

Muitos de nós almejamos o perfeccionismo, mas há uma grande diferença entre fazer algo perfeitamente e fazer o melhor que podemos. O perfeccionismo é, muitas vezes, forjado na primeira fase da vida, se nos sentimos valorizados apenas por nossas realizações. Isso nos leva a buscar e ansiar por aprovação ou validação externa. Dessa forma, nossa autoestima é definida pelo que alcançamos, não por quem somos. Se apenas obtivermos aprovação a partir de nossos sucessos, poderemos ter uma autoestima mais sensível. A percepção da necessidade de sermos perfeitos pode ser nossa defesa contra a crítica e o julgamento.

Em quase todos os cenários, não conseguimos atingir essa alta expectativa, o que, por sua vez, nos leva a ter um desempenho ainda melhor na próxima vez, alimentando o ciclo vicioso. Nunca alcançamos esse pico inacessível, mas isso não nos impede de nos esgotarmos em nossas tentativas. O ciclo apenas alimenta o monstro das expectativas e cria mais culpa e autocrítica.

Manter o equilíbrio entre a vida profissional e a vida pessoal envolve cultivar expectativas *realizáveis* em relação a nós mesmos. Dedicar uma quantidade excessiva de tempo e esforço a objetivos irreais pode gerar angústia e frustração, significando perder tempo precioso que poderia ser focado em experiências mais prazerosas e gratificantes.

Steve

Após uma sucessão de relações de curto prazo, Steve quis ponderar se era apenas má sorte e escolhas ruins ou se ele estava, de alguma forma, compactuando com o problema. Seus parceiros não "preenchiam todos os requisitos", como ele disse. O que veio à tona foi que, como um especialista na área de matemática aplicada, ele tinha a capacidade de sempre resolver problemas complexos. Estava acostumado à perfeição. Esse foco na solução transbordava em sua vida fora do trabalho, e ele tinha desenvolvido uma expectativa de poder resolver desafios de relacionamento de forma semelhante. Ele terminava os relacionamentos porque não conseguia atingir a absoluta perfeição. Com o tempo, foi capaz de dividir o foco, para que pudesse mantê-lo em solução no trabalho enquanto adotava uma perspectiva mais acolhedora e real nos relacionamentos.

Steve compreendeu sua dificuldade nos relacionamentos porque seu PhD dera uma oportunidade de aprendizado muito limitada. Ele começou a valorizar algum espaço de manobra em como as relações fluem. Isso reflete a questão do perfeccionismo que todos experimentamos: nossa determinação de sermos perfeitos significa que provavelmente não estamos apreciando a busca do aperfeiçoamento. Apesar do que poderíamos pensar, em alguns momentos a vida seria um pouco chata se não tivéssemos oportunidades de aprender, e teríamos uma compreensão muito menor de nossas realizações.

Em meados dos anos 1990, decidi fazer meu exame para obter a licença de motociclista. Após alguns fins de semana de treinamento intenso, vi-me pedalando nervosamente até o centro de testes local, com minha viseira embaçada por conta da hiperventilação. Felizmente (talvez mais para as outras pessoas na rua!), o tráfego ao redor do circuito de teste era limitado, e, quando o exame foi concluído, fiquei um pouco chocado ao descobrir que realizei uma “prova perfeita” segundo o instrutor. Uma parte de mim ficou bastante satisfeita, mas outra parte muito maior estava ciente de que eu ainda era um novato com muito a aprender. A pontuação perfeita não havia identificado áreas em que eu precisava melhorar por meio da experiência.

O equilíbrio entre trabalho e vida pessoal envolve desfrutar de aspectos de aprendizagem e desenvolvimento como parte de nossa busca por propósito e objetivo, como discutido no Capítulo 1. A oportunidade de aprender cria um fator de motivação crucial.

Uma questão adicional no mito da bolha do perfeccionismo é como frequentemente nos comparamos e nos classificamos em relação a outras pessoas. É bastante normal identificarmos diferenças entre nós e talvez usarmos isso como um condutor para imitarmos suas habilidades ou competências, se é disso que se trata a comparação. Entretanto, se a busca for intensa demais, podemos correr o risco de perder parte de quem somos e de nossa identidade pessoal. O antídoto é desfrutar, apreciar e celebrar quem somos, aceitando as diferenças.

Cometendo erros

Como mencionei antes neste capítulo, é importante nos darmos permissão para assumir riscos e cometer erros, sobretudo quando estamos desenvolvendo uma estratégia de aceitação para o perfeccionismo. Muitas vezes, estamos preocupados com o medo de cometer erros, acreditando que pareceremos estúpidos ou incapazes. Entretanto, se não cometermos erros e assumirmos riscos, perderemos a oportunidade de aprender com eles.

Cometer erros pode nos ajudar na tomada de decisões, permitindo-nos fazer escolhas com base nas lições aprendidas por experiência. Ser perfeito não nos dá resiliência ou uma capacidade de pensar ativamente sobre a gestão de riscos. Isso repercute em um aspecto mais amplo do equilíbrio entre trabalho e vida pessoal, já que o aprendizado sobre tomada de decisões e escolhas passa tanto pela casa quanto pelo trabalho. Podemos facilmente nos tornar sobrecarregados com as exigências que

04
Produtividade e desempenho

No cerne da criação de um equilíbrio bem-sucedido entre trabalho e vida pessoal está a necessidade ou a ambição de trabalhar mais rápido e de forma mais eficiente, para que possamos realizar mais no tempo limitado que temos. Trata-se de qualidade, não de quantidade! Muito do nosso tempo é desperdiçado ou mal-utilizado. Não é necessariamente nossa culpa — pode ser que não tenhamos tido tempo (talvez ironicamente) ou treinamento para considerar e planejar como ser mais produtivos no que fazemos. Este capítulo apresenta algumas formas de melhorarmos nosso desempenho para auxiliar no equilíbrio entre trabalho e vida pessoal.

Gerenciamento de tempo

A maioria de nós não administra o tempo de forma proativa ou consciente; pelo contrário, reagimos às demandas que vão chegando até nós. Assim que o telefone toca ou ouvimos o som de notificação de um novo e-mail, saltamos. Essa é a resposta mais eficaz para nós? Talvez precisemos mudar a forma como respondemos às distrações, priorizar o que importa dependendo dos dispositivos de comunicação que temos e como os usamos em casa ou no trabalho.

Pulo tão alto quanto um jogador olímpico de basquete quando nosso telefone fixo toca, porque somente nossa família próxima liga para esse número, para questões raras e urgentes. (Nem mesmo *eu* sei o número do telefone fixo de minha casa!) Por outro lado, a maior contribuição para o meu equilíbrio entre trabalho e vida pessoal foi, sem dúvida, encontrar uma forma de silenciar os alertas de e-mail de meu smartphone, que no passado apitava o tempo todo como uma mensagem urgente de Código Morse.

Alguém está nos telefonando ou nos enviando um e-mail porque isso lhe convém, mas isso não significa que seja conveniente ou necessário que respondamos na mesma hora. A confusão surge quando queremos uma resposta rápida de alguém, então fazemos contato na esperança ou na suposição de que *o outro* estará imediatamente disponível. Essa expectativa constrói em nós uma necessidade comparativa de responder de forma semelhante. As tecnologias modernas também avançaram tanto que, com as inúmeras maneiras as quais temos de nos comunicar, há ainda mais expectativas de imediatismo (recordo com carinho a época antes dos smartphones e da internet). A realidade é que nem sempre precisamos responder imediatamente a mensagens e pedidos.

Muitos de nós temos uma lista de "coisas a fazer" na qual escrevemos as tarefas que precisamos realizar. Certamente, isso funciona para muitas pessoas e ajuda a visualizar demandas e necessidades. A sensação de riscar algo da lista parece ser tão incrível que já conheci pessoas que escreviam uma tarefa que já haviam concluído só para que pudessem riscá-la e se sentir melhor!

Não há nenhuma regra rígida sobre como você deve abordar sua carga de trabalho, no trabalho ou em casa; trata-se de considerar o que funciona melhor para você. Algumas pessoas precisam atacar primeiramente as tarefas maiores ou mais complicadas, cientes de que, uma vez que as tiverem concluído, será mais fácil trabalhar nas menores. Por outro lado, outros gostam de ganhar impulso com os itens menores para "aquecer" antes de arregaçar as mangas com os mais significativos.

Podemos passar por algumas situações nas quais as exigências que nos são impostas excedem claramente nossa capacidade de administrá-las, e isso pode desencadear sentimentos de fadiga, estresse e sobrecarga. Voltaremos a isso no próximo capítulo sobre bem-estar físico e psicológico. Entretanto, saber que certa quantidade de malabarismos será necessária é a chave para manter nosso equilíbrio entre trabalho e vida pessoal. Temos alguma escolha nesse malabarismo? Na maioria das vezes, sim, porém nem sempre conseguimos ver as coisas dessa maneira.

Uma armadilha conhecida na qual muitas vezes caímos é acreditar que tudo é igualmente importante, e urgente, e que precisa ser respondido e solucionado de imediato. Se queremos cumprir nossas exigências de equilíbrio entre trabalho e vida pessoal, quase sempre isso é impossível. A tentativa de fazer tudo ao mesmo tempo cria um enorme estresse e conflito. Ficamos frustrados ou nos sentimos culpados se as coisas não se encaixam, e isso aumenta o estresse.

Marylee

Quando veio me ver, Marylee estava totalmente estressada. Sua vida profissional e sua vida pessoal exigiam tanto que ela se sentia puxada em todas as direções. Ela e marido haviam se afastado da família e dos amigos para encontrar empregos em suas profissões. Marylee estava cuidando de uma jovem família cada vez mais sozinha, pois seu marido tinha que viajar frequentemente, ao mesmo tempo que suas próprias exigências de trabalho se tornaram estratosféricas. Alguma coisa tinha que mudar. Quando percebeu que fazer tudo era impossível, sua perspectiva mudou, e ela se sentiu mais à vontade para escolher o que era importante. Depois de ter feito uma análise sensata do assunto, percebeu que poderia fazer uma pausa na carreira e voltar ao mercado de trabalho quando as circunstâncias tivessem mudado — para ela, essa era a escolha correta.

Dar um passo para fora do turbilhão nos permite ver as coisas de maneira diferente. A situação de Marylee não é incomum e, ainda assim, demonstra a batalha que pode surgir em nosso equilíbrio entre trabalho e vida pessoal. As coisas podem se acumular e se descontrolar rapidamente. Precisamos liberar a pressão em nossa panela de pressão metafórica antes que ela exploda. Pode ser necessário que tomemos algumas decisões difíceis e avaliemos escolhas e suas consequências.

Em 1954, o ex-presidente estadunidense Dwight D. Eisenhower disse: "Tenho dois tipos de exigências: a urgente e a importante. A urgente raramente é importante, e a importante raramente é urgente." Ao que tudo indica, ele criou o que hoje é conhecido como "Princípio de Eisenhower" para ajudá-lo a priorizar e administrar sua carga de trabalho.

Ação de equilíbrio trabalho-vida pessoal

O Princípio de Eisenhower

O Princípio de Eisenhower é uma tabela de quatro quadrantes (Tabela 4.1). Insira em cada quadro aquelas exigências que são importantes e urgentes, importantes mas não urgentes, urgentes mas não importantes, não importantes e não urgentes. Adaptei esse modelo e continuei o tema do "P" para ilustrar como agir com cada caixa:

- Para o que é urgente e importante, priorize-os e faça-os primeiro.
- Exigências importantes mas não urgentes podem ser agendadas ou planejadas para serem feitas quando suas urgentes e importantes tiverem sido concluídas.
- Para os itens urgentes mas não importantes, considere se você pode delegar a outras pessoas.
- Finalmente, para demandas que não são urgentes nem importantes, questione se precisam ou não estar no seu plano. Elas são necessárias?

Tabela 4.1 Matriz do Princípio de Eisenhower

	URGENTE	NÃO URGENTE
IMPORTANTE	Priorize Faça primeiro, hoje	Planeje Agende para depois
NÃO IMPORTANTE	Passe adiante Delegue, se possível	Pule (repense) Você realmente precisa fazer isso?

FONTE Embora Eisenhower seja reconhecido como o criador desse modelo, ele foi popularizado por Stephen R. Covey em seu livro *Os sete hábitos das pessoas altamente eficazes*. Rio de Janeiro: Record, 2005.

Certifique-se de incluir exigências sobre você que atravessem sua vida profissional e não profissional. Caso contrário, isso derrota o propósito de um planejamento e gerenciamento eficaz do tempo: assegurar que seus diversos compromissos existam em harmonia simbiótica.

Mesmo dentro do quadrante urgente/importante, talvez seja necessário priorizar. São os planos que não são urgentes nem importantes que frequentemente saturam nossa mente e criam confusão desnecessária em nossa vida.

Para nosso equilíbrio entre trabalho e vida pessoal, poderíamos instintivamente sentir que as atividades de entretenimento ou lazer se encaixariam no quadrante não urgente/não importante. No entanto, em alguns casos, essas atividades poderiam ser importantes para nossa saúde e nosso bem-estar, portanto poderiam ser priorizadas como mais urgentes e mais importantes. Você precisa fazer essa escolha para cada situação.

Delegação

Usar o tempo efetivamente significa reconhecer os limites do que podemos fazer. Na maioria das vezes, há uma oportunidade de delegar, mas muitos de nós relutamos em fazê-lo. Podemos ter dificuldade em perder certo controle e autoridade ao entregar o bastão a outra pessoa; podemos até considerar que não há ninguém que possa fazer o trabalho tão bem quanto nós. Como abordamos no Capítulo 3, o perfeccionismo é uma ameaça muito real ao nosso equilíbrio entre vida e trabalho pessoal, pois nos fixa em uma trajetória de desempenho irrealista que impede a autovalorização e desencadeia o sentimento de culpa. Uma vez que encontramos nossa maneira de lutar contra a necessidade de sermos perfeitos, podemos perceber que o mesmo se aplica a outros. É importante para nosso equilíbrio entre a vida profissional e a vida pessoal sermos capazes de ceder e confiar nos outros. Isso pode exigir que confiemos às cegas, porém pode compensar e exceder a expectativa, bem como reduzir nossa carga de trabalho e nosso potencial esgotamento. Não saberemos até tentarmos.

A maioria de nós trabalha em equipe. Então, é comum nos pedirem que façamos coisas para outras pessoas, colaboremos e nos envolvamos com o trabalho de nossos colegas. Podemos encontrar a voz, a inclinação ou a necessidade de fazê-lo por nós mesmos? Quanto mais delegarmos, mais é provável que consigamos realizar nossas próprias tarefas.

O mesmo se aplica a situações fora do trabalho. Foram inúmeros os colegas com quem trabalhei ao longo dos anos que acham simples administrar suas vidas profissionais, incluindo a delegação efetiva, mas falham miseravelmente em casa.

O exercício de equilíbrio entre trabalho e vida pessoal no Capítulo 2, sobre o planejamento de atividades familiares (Tabela 2.1), é uma excelente maneira de delegar funções e responsabilidades em casa. De fato, o planejamento pode mudar de um foco de atividade para um mais funcional que impacte o funcionamento harmonioso da casa: limpar, aspirar, retirar o lixo, arrumar, lavar roupa, lavar a louça, fazer compras, cozinhar etc.

Um dos obstáculos para a delegação é a ansiedade de que alguém não tenha as habilidades, a competência ou a capacidade para realizar a tarefa. Na grande maioria dos casos, isso é resolvido se identificarmos as habilidades necessárias ou compartilharmos nossos conhecimentos.

Um provérbio popular resume bem isso: "Dê um peixe a um homem e ele comerá por um dia. Ensine um homem a pescar e ele se alimentará por toda a vida." A essência é que ensinar alguém a fazer algo dá a essa pessoa capacidade de assumir uma nova responsabilidade: essa é uma delegação eficaz.

O ditado pode ser adaptado para: "Mostre a um colega sua planilha e ele obterá os números necessários. Ensine-o as habilidades do Microsoft Excel e ele se tornará seu futuro redator de relatórios."

E outra versão seria: "Mostre ao seu filho adolescente o cesto de roupas sujas e ele terá um quarto arrumado por um dia. Ensine-o a programar e esvaziar a máquina de lavar e você alcançará o êxtase doméstico por toda a vida."

Benje

Como diretor de contas de publicidade, Benje tinha que se reunir com os clientes, interpretar e escrever um briefing criativo, apresentá-lo às equipes internas de criação, mídia e planejamento antes de compartilhar a produção com o cliente novamente. Ele elevou a palavra "controle" a um novo patamar e procurou tomar posse de cada etapa do processo de trabalho. Embora tivesse uma excelente compreensão de cada etapa, estava constantemente estressado, suspirando desanimado e esfregando a testa em exasperação. No início, trabalhamos técnicas de respiração e relaxamento, o que o ajudou a entrar em uma nova forma mais calma de ser. A grande mudança para ele foi o reconhecimento de que era o responsável por toda a conta, mas não precisava estar no controle de tudo. Esse entendimento desbloqueou uma nova perspectiva, de acordo com a qual ele começou a se soltar, confiar e, o que é importante, apreciar sua competente equipe. Ele estava apreensivo com a delegação, porém quanto mais delegava, mais percebia que podia confiar nos outros. A delegação foi o maior alívio para o seu estresse.

A essência da gestão envolve como trabalhamos ou administramos os outros, tanto no trabalho quanto em casa. Isso não envolve apenas o ato de gerenciar; estende-se a educar, ensinar, inspirar, treinar, orientar, encorajar, e assim por diante. Todos gostamos de aprender algo novo. Dar a uma pessoa o dom de conhecer algo que não conhecia antes vai dividir a carga de trabalho e pode cativá-la.

Ação de equilíbrio trabalho-vida pessoal

A lacuna da delegação

Um meio eficaz para preencher a lacuna da delegação é considerar os inibidores tradicionais e avaliar as capacidades do colega ou do membro da família. Se você puder responder a algumas das seguintes perguntas, é provável que o medo da delegação diminua:

Qual é a tarefa específica?

Quem está disponível e tem tempo suficiente?

Quem tem as habilidades ou a experiência?

Será que eles realmente precisam dessas habilidades ou experiência?

Que habilidades adicionais são necessárias?

Como podem adquirir essas habilidades ou como você pode ensiná-los?

A tarefa é realizável no tempo oferecido?

Quais poderiam ser os impedimentos para a conclusão da tarefa?

O que pode fazer para erradicar os impedimentos?

Como pode estar inibindo o sucesso da delegação ou da conclusão da tarefa?

Como saberá que a tarefa foi concluída de forma satisfatória?

Como reverá e avaliará o sucesso?

A criação de um equilíbrio bem-sucedido entre trabalho e vida pessoal depende de uma delegação eficaz. Se não o fizermos, provavelmente acabaremos um pouco como Benje no estudo de caso anterior: ansiosos, estressados e à beira de um ataque de nervos.

Horário de trabalho

Benje era o primeiro a chegar ao escritório e o último a sair, o que significa que ele não tinha tempo para mais nada. Ele não tinha um equilíbrio entre trabalho e vida: seu trabalho era sua vida.

Embora seja a escolha de cada pessoa quanto tempo ou esforço despende à sua vida profissional, também é importante não ignorar as outras experiências maravilhosas disponíveis fora do trabalho.

No mundo ocidental, em particular nos Estados Unidos e no Reino Unido, existe uma cultura de longas jornadas de trabalho em que há alguma expectativa implícita de "acrescentar horas". É como se precisássemos ser vistos trabalhando ou justificando nossa presença no trabalho. No entanto, isso nos leva de volta ao argumento qualidade versus quantidade que mencionei no início deste capítulo.

Pessoalmente, prefiro não estar limitado por um contrato de trabalho de oito horas por dia, mas essa é a norma. E se eu pudesse fazer meu trabalho em, digamos, cinco horas, e seguir adiante com outros aspectos da minha vida que contribuem para o meu equilíbrio entre trabalho e vida pessoal, sobretudo se isso reforçar a qualidade das minhas cinco horas de trabalho? Isso traria a escolha de volta à pauta: uma escolha colaborativa. Se meu empregador pudesse confiar em mim para administrar isso, por que não? Eu colocaria mais tempo quando fosse necessário e tiraria um tempo de folga quando não o fosse.

Talvez não seja tão simples assim. De fato, acho que todos temos o potencial para trabalhar de forma mais inteligente (qualidade, e não quantidade), todavia também entendo que alguns empregadores ou chefes poderiam tirar proveito disso, aumentando a carga de trabalho. Ou poderíamos conspirar com o problema e pegar mais tarefas para fazer.

Algumas grandes organizações de manufatura reduzem a semana de trabalho dos funcionários quando a demanda diminui e precisam reduzir a oferta. Às vezes, torna-se uma decisão econômica em vez de pessoal.

Há pouco tempo, um amigo escocês apareceu para me visitar, em um fim de semana, tendo se mudado para Trondheim, na Noruega. Degustando um uísque "medicinal", ele se maravilhava com o equilíbrio entre trabalho e vida pessoal que estava experimentando, em contraste com quando residia no Reino Unido. No verão, a maioria das pessoas terminava seus dias de trabalho por volta das três da tarde e saía para desfrutar das longas e quentes noites ao ar livre. Muitas pessoas tinham casas de campo, então passavam os fins de semana pescando, caminhando, fazendo *mountain bike*, escalando etc. Havia menos foco na acumulação de capital; portanto, se você não tivesse uma casa de campo, poderia usar a de um amigo. Sem custo, apenas pagando as contas. Mesmo no inverno, quando as noites ficavam mais escuras por mais tempo, não havia expectativa de trabalhar mais.

Os noruegueses, como em muitos países escandinavos, consideram isso saudável, pois reduz o estresse e a chance de desenvolver doenças mentais. Uma sociedade mais saudável contribui para atividades socialmente responsáveis e se ausenta menos do trabalho, o que alimenta os cofres fiscais do governo, que, por sua vez, paga por mais assistência social. É um ciclo atrativo de equilíbrio sensato e pragmático entre trabalho e vida pessoal.

No Reino Unido, pelo menos, ainda não aprendemos a adotar esse tipo de pensamento progressivo. Em vez disso, agarramo-nos à preocupação com nosso emprego. O trabalho é o centro de tudo, e perdemos de vista o que é mais importante: criar um equilíbrio bem-sucedido entre trabalho e vida pessoal.

Consideramos que nossa semana de trabalho começa em uma segunda-feira de manhã. Mas quantos de nós temos uma sensação de inquietação no domingo à noite, quando começamos a pensar na semana de trabalho que temos pela frente? Talvez seja porque nosso cérebro esteja lentamente ativando as células relativas ao trabalho enquanto nos preparamos para o que nos espera, ou, como é mais frequente, começamos a temer ser forçados a sair de nosso oásis doméstico e ter que pular de volta na esteira rolante do trabalho em seu ritmo acelerado.

Não acho que seja atípico ou que haja algo particularmente errado em sermos puxados de volta a nos preparar para o dia de trabalho, porque talvez precisemos organizar as mudanças práticas de rotina que marcam os dias da semana como diferentes do fim de semana. No entanto, se nos preocuparmos sem necessidade com coisas sobre as quais não podemos fazer nada naquele momento, isso se torna contraproducente.

O impacto das horas de trabalho no equilíbrio entre trabalho e vida pessoal envolve discernimento no uso do nosso tempo.

Ação de equilíbrio trabalho-vida pessoal

Cronograma de trabalho

No cronograma da Tabela 4.2, mapeie o tempo gasto em diferentes atividades no trabalho. Muitas vezes, perdemos muito do nosso tempo com reuniões inúteis, conversa-fiada e ações sem objetivo. É claro que, em determinado momento, você pode precisar de "tempo ocioso", mas se for "tempo morto" e não servir para nada, é uma má administração do tempo. Acrescente algumas atividades de rotina que ficaram de fora da tabela. Pergunte a si mesmo se seu tempo poderia ser mais bem alocado ou utilizado.

Tabela 4.2 Cronograma de trabalho

TAREFAS/ HORAS	Segunda-feira	Terça-feira	Quarta-feira	Quinta-feira	Sexta-feira	Total
Reuniões agendadas						
Reuniões não agendadas						

TAREFAS/ HORAS	Segunda-feira	Terça-feira	Quarta-feira	Quinta-feira	Sexta-feira	Total
Desenvolvimento profissional						
Desenvolvimento pessoal						
Chamadas telefônicas						
Projetos e relatórios						
Conversas sociais						
Almoço e pausas para lanche						
Administração						
Respostas reativas						
Planejamento						

Manuela Saragosa relatou em um artigo da BBC News, em 9 de maio de 2019, que muitas empresas têm considerado os prós e os contras da instituição de uma semana de trabalho formal de quatro dias.[1] Uma empresa de marketing com sede em Glasgow, a Pursuit Marketing, testou e descobriu que a produtividade, na verdade, aumentou trinta por cento, as licenças por doença caíram para o nível mais baixo de todos os tempos, e eles descobriram outras formas de economizar custos de pessoal. Entretanto, essa estratégia pode não ter sucesso em todos os lugares. A Wellcome Trust considerou adotá-la e abandonou seus planos graças, em parte, a complicações relativas ao cuidado de crianças e arranjos domésticos, bem como ansiedades sobre a compressão do trabalho de cinco para quatro dias da semana.

Há variações sobre esse tema de horário de trabalho flexível. Minha própria organização, a Universidade de Aberdeen, como muitas outras, opera uma quinzena de nove dias para o pessoal em tempo integral. O número de horas contratadas permanece o mesmo, mas os funcionários podem estender seu horário de trabalho por nove dias para ganhar o décimo dia de folga. Como um bônus adicional ao dia de folga, muitos que utilizam esse sistema descobrem que, embora inicialmente o horário estendido possa parecer longo, muitas vezes o tráfego é mais tranquilo, o que significa menos estresse no caminho entre casa e trabalho.

Ter uma gama de oportunidades de trabalho flexível pode oferecer aos funcionários alguma escolha para criar o equilíbrio entre a vida profissional e a vida pessoal de que precisam. Isso também alimenta o contrato psicológico discutido no Capítulo 1, no qual nossa relação com o trabalho pode ser central para o que dedicamos e o que recebemos dele.

Presente no trabalho versus presenteísmo

A maioria de nós desfrutará do trabalho ou pelo menos obterá dele satisfação suficiente para estar motivado a comparecer e a se envolver nas tarefas. No entanto, às vezes, algo diferente pode acontecer: podemos nos tornar tão focados no trabalho que não prestamos atenção ao que é igualmente importante para nosso equilíbrio mais amplo. Se estamos fungando devido a um resfriado, passando por uma crise em casa, sentindo-nos ansiosos ou deprimidos, ainda assim comparecemos ao trabalho. Isso é bom para nós ou mesmo necessário? Se considerarmos essas questões pelo prisma do equilíbrio entre trabalho e vida pessoal, veremos as coisas de maneira diferente.

O presenteísmo acontece quando comparecemos ao trabalho, mas nossa produtividade é reduzida, em grande parte por causa de problemas de saúde, no entanto continuamos batalhando. O Sainsbury Centre for Mental Health, em um documento não datado, afirma que o custo do presenteísmo é quase o dobro do custo da ausência por doença. Eles sugerem que o custo para os empregadores britânicos por absenteísmo é de 8,4 bilhões de libras, enquanto o custo atribuível ao presenteísmo é de 15,1 bilhões, ou 605 libras por empregado ao ano.[2] Essa é uma lógica bastante convincente para recalibrar nosso equilíbrio entre trabalho e vida pessoal.

O presenteísmo tende a ser definido como "problemas de saúde", contudo, os parâmetros parecem se estender mais. Há o reconhecimento de que o presenteísmo também pode incluir pessoas que frequentam o trabalho, mas que não estão contribuindo para a produtividade. Elas "mostram a cara", porém fazem pouco mais que isso. Uma parte do problema se dá em razão de problemas de saúde, todavia eu argumentaria que um componente significativo poderia ser "mal-estar organizacional" — estamos na sala, mas as luzes estão apagadas.

Há também uma estranha preocupação ou fascínio em sermos "vistos" como ocupados, estejamos ou não. Nos anos 1980, não se era "alguém" a menos que se tivesse uma agenda com capa de couro transbordando de papéis. Hoje em dia, o smartphone a substituiu, e cada chamada, texto ou mensagem é importante. Em tese. É como se isso justificasse nosso cargo ou nos fizesse sentir válidos ou importantes. Lembro-me de um colega de muitos anos atrás que costumava andar pelo escritório com uma prancheta, porque isso o fazia sentir-se focado nas tarefas. Surpreendeu-me que a maior parte do tempo os papéis da prancheta estivessem totalmente em branco.

Em alguns ambientes de trabalho, o ritmo de digitação aumenta, telefonemas são feitos e as pessoas deixam a cozinha do escritório assim que alguém sênior entra. Mas se temos que "parecer" ocupados, será que estamos usando o tempo de maneira produtiva?

Com o uso da tecnologia, muitas pessoas ficam presas atrás das telas dos computadores durante grande parte do dia, e perdemos a conexão e a interação humana. Quando abrimos mão do vínculo entre as pessoas, morre uma importante dimensão social. Já ouvi falar de uma organização que proibiu a comunicação por e-mail entre colegas de trabalho quando um destinatário de e-mail está a apenas um minuto de distância. O objetivo é incentivar a comunicação à moda antiga: a conversa. Isso ajuda os funcionários a se sentirem mais envolvidos e conectados com o trabalho.

O estresse e o bem-estar mental no local de trabalho, como principais contribuintes para o presenteísmo, têm um impacto imenso na produtividade. Para nosso próprio equilíbrio entre trabalho e vida pessoal, precisamos encontrar uma forma de comunicar quando estamos nos sentindo indispostos ou estressados, precisamos fazer uma pausa ou tirar um tempo livre, se necessário. Por diversas razões, isso pode ser difícil discutir; muitos de nós podemos achar mais fácil reconhecer quando um colega está passando por dificuldades do que identificar quando nós mesmos passamos por essa situação.

Uma vez conduzi um grupo de foco de gerenciamento de estresse em uma grande organização de serviços financeiros. Construímos um mapa tipo quebra-cabeças com todos os muitos tipos possíveis de estresse que os funcionários poderiam encontrar no trabalho e na vida doméstica. Quando perguntei como eles identificariam, individualmente, quando estavam passando por um desses fatores de estresse, a resposta foi um silêncio absoluto. No entanto, quando lhes pedi que emparelhassem e identificassem como seus colegas de trabalho poderiam vivenciar isso, o falatório na sala foi ensurdecedor. É sempre mais fácil detectar sinais de estresse nos outros. Detectamos nossos próprios sinais muito mais tarde, quase sempre quando o dano já foi feito.

Pedro

Encaminhado para mim pelo seu departamento de recursos humanos, Pedro veio me ver com questões de "gerenciamento da raiva". Ao tentar identificar o que estava acontecendo, tornou-se evidente logo de cara que ele não tinha nenhum problema em gerenciar a raiva. Ele me disse que estava frustrado e se sentia desvalorizado e estressado no trabalho. Ao investigarmos, veio à tona que, em casa, ele estava cuidando do pai, que estava com a saúde debilitada, e esse difícil desafio era a principal causa de seu estresse. Com o apoio do departamento de recursos humanos, concentramo-nos em conseguir o serviço de cuidado do idoso de que Pedro precisava. Em poucas semanas, ele se sentia muito mais confiante sobre sua situação em casa e conseguiu voltar ao nível normal de produtividade no trabalho.

A solução para Pedro foi ser capaz de considerar o quadro mais abrangente das variáveis trabalho e vida pessoal, dar um passo atrás e identificar as mudanças necessárias. Também foi crucial sua capacidade de pedir ajuda e obter apoio de sua organização. Pedir ajuda nunca é fácil, e abordaremos isso no próximo capítulo, sobre bem-estar físico e psicológico.

Satisfação no trabalho

Se começarmos a cantarolar o clássico de 1965 dos Rolling Stones "(I Can't Get No) Satisfaction" no trajeto para o trabalho, é um sinal de que as coisas talvez precisem mudar. Se gravitarmos para o igualmente memorável clássico do The Clash de 1982 "Should I Stay or Should I Go", estamos nos aproximando seriamente do precipício da mudança de emprego. Esperamos não ter chegado lá ainda, mas isso nos ajuda a considerar e explorar o que constitui a satisfação no trabalho.

Lembro-me de que, durante o jantar dos patrocinadores de Jackie Stewart, o tema da satisfação no trabalho surgiu entre um grupo enquanto "babávamos" sobre os carros de Fórmula 1. O grupo mencionou sentir-se parte de uma equipe ou organização da qual temos orgulho, ser capaz de fazer a diferença e saber que podemos nos desenvolver e aperfeiçoar continuamente. Definimos a satisfação como algo experimentado como pessoal e intrínseco a nós. Quando um dos pilotos de corrida se juntou ao grupo, perguntamos o que a satisfação no trabalho significava para ele, que apenas acenou com a cabeça para os carros e sorriu largamente.

Isso é provavelmente uma exceção à regra, e a maioria de nós não tem o benefício de definir a satisfação no trabalho como pilotar torpedos de vários milhões de libras em pistas de corrida. A realidade é que teremos dias em que estaremos entediados, aborrecidos, apáticos, desmotivados e nos perguntando o que estamos fazendo em nosso trabalho. Tenho certeza de que até os pilotos de corrida também têm seus dias de tédio.

A satisfação precisa conter componentes de três origens. Precisamos de alguma forma de *validação* que gere uma aprovação por outros ou por si próprio de algo que conquistamos. Isso é criado por saber, em algum nível, que somos reconhecidos pelo que fazemos, pela apreciação ou pela recompensa financeira. Também precisamos sentir algum senso de *realização* que nos permita experimentar uma sensação de sucesso ou resolução. Sentimos isso ao "concluir um trabalho" ou fazê-lo dentro dos parâmetros originalmente estabelecidos. Por fim, precisamos experimentar um *fator de bem-estar*: um resultado que nos faça sentir vibrantes, otimistas ou satisfeitos com nossos esforços.

Você pode ler isso e voltar a cantarolar "(I Can't Get No) Satisfaction", mas a vida no trabalho ou em casa nunca vai gerar cem por cento de satisfação. Isso não só é impossível, como também indesejável.

Se desmembrarmos os componentes de satisfação acima (validação, satisfação e um fator de bem-estar), por definição, estes só podem existir ao trabalharmos para alcançá-los. A maioria das coisas na vida que constituem uma realização requer esforço e trabalho duro. Se tudo fosse fácil e requeresse um esforço mínimo, a sensação de conquista ou realização seria esvaziada e apagada.

A satisfação no trabalho é um componente importante de nosso repertório de equilíbrio entre trabalho e vida pessoal porque contribui para o propósito e o significado no trabalho, como discutido no Capítulo 1, assim como para a motivação mais cotidiana para nos levantar de manhã e ir à labuta.

Miranda

No auge da carreira, Miranda era uma política sênior em seu partido, respeitada por muitos e de todos os lados do governo. Tinha uma convicção intensa em servir a seu partido político e no que isso representava. Participava de vários comitês e grupos de pesquisa, contribuindo para o desenvolvimento de políticas e estratégias. Ela veio a mim confusa com uma aparente queda na motivação e inspiração. Inicialmente, deduzimos que isso estava ligado ao fato de que seu partido estava muito à frente nas pesquisas e provavelmente ganharia um novo mandato no governo. O que estava faltando era o que ela amava: ser a mais desfavorecida na oposição, batalhando para ganhar o prêmio de estar no governo. Agora que ela estava lá, seu principal fator motivador tinha ido embora. Para ela, tudo era um pouco chato. Uma vez que reconheceu essa mudança de motivação, foi capaz de reajustar suas aspirações para manter sua posição no governo. Isso ainda exigia que ela batalhasse para defender sua posição e sustentar o que havia conseguido.

Com outros clientes com os quais trabalhei em questões semelhantes de satisfação no trabalho, o que parecia ajudar era manter um registro diário de se um dia era "bom" ou "ruim" e, o que é mais importante, por quê. Isso pode revelar um mal-estar ou desconforto importante e emergente. Uma vez que compreendemos o que está nos incomodando, podemos começar a identificar como abordar o problema. Muitas vezes, são acontecimentos que geram frustração ou que nos fazem perder nosso controle limitado sobre o processo ou o resultado. As circunstâncias ocorrem apesar de nós, não necessariamente por nossa causa. Mesmo com o melhor planejamento ou preparação, não podemos prever todas as eventualidades.

Ação de equilíbrio trabalho-vida pessoal
Satisfação no trabalho

Se você puder identificar que partes do seu trabalho o satisfazem, faz sentido se esforçar para protegê-las ou para gerar mais satisfação. Se experimentar alguma insatisfação latente, mas não estiver entendendo qual é o problema, pode ser útil falar com um coach ou consultor. Se tem uma ideia aproximada de qual é o problema, está a meio caminho de trabalhar rumo a possíveis soluções ou resoluções.

Reflita sobre afirmações da Tabela 4.3 e acrescente as suas próprias.

Identificar uma fonte de descontentamento e explorar soluções tem um impacto significativo no equilíbrio entre trabalho e vida pessoal, pois tem o potencial de nos reenergizar e estimular nossa área de atuação.

Tabela 4.3 Satisfação no trabalho

	SIM — como você pode melhorar isso?	**NÃO — quais poderiam ser as soluções?**
Sei o que se espera de mim		
Tenho as habilidades para fazer meu trabalho		
Minha carga de trabalho é apropriada		
Consigo administrar o estresse e a pressão		
Estou satisfeito com meu trabalho		
Tenho controle suficiente em meu cargo		
Tenho apoio suficiente		
Tenho recursos adequados		
Estou motivado e inspirado		
Tenho boas relações de trabalho		
Tenho tempo para fazer o que é necessário		
Tenho um bom equilíbrio entre trabalho e vida pessoal		

Atraso na gratificação

A maneira como lidamos com o autocontrole e as expectativas em torno disso está conectada com a forma como definimos e experimentamos a satisfação no trabalho.

Nos anos 1960 e 1970, o psicólogo Walter Mischel, de Stanford, realizou o infame "teste do marshmallow" com noventa crianças.[3] O teste consistia em um pesquisador oferecer a uma criança um marshmallow imediatamente ou dois se ela esperasse quinze minutos. Cerca de trinta por cento das crianças esperaram os quinze minutos. Mais ou menos uma década depois, Mischel analisou o desenvolvimento dessas crianças e alegou que aqueles que esperaram os quinze minutos demonstravam maior autocontrole e satisfação com a vida, bem como um avanço educacional em geral.

Embora essa pesquisa tenha sido questionada desde então, tem crédito até hoje, porque faz sentido. Em nossa sociedade de ritmo acelerado, queremos tudo imediatamente. A contemplação e a expectativa se perdem. Podemos comprar quase tudo on-line com o clique de um botão. A única diferença de tempo envolve a busca do que podem parecer milhares de páginas da web. Ao fazer isso, perdemos parte da experiência.

A noção de autocontrole é importante para a forma como administramos as expectativas em relação a nós mesmos e aos outros. É relevante para o equilíbrio entre trabalho e vida pessoal, pois cria um sentido de perspectiva mais forte em nosso mundo. Quanto mais trabalhamos ou esperamos por algo, maior é a realização que experimentamos.

Na Escócia, as montanhas de altura superior a três mil pés (um pouco mais que novecentos quilômetros) são chamadas de Munros, cujo nome vem de Sir Hugh Munro, que listou os picos que atingiam esse limite. Milhares de intrépidos montanhistas sobem as trilhas até os picos para que possam afirmar ter "conquistado um Munro". Tornou-se uma busca para muitos "conquistar" todos os 282 deles e competir sobre o número de vezes que eles os escalam. Como alcancei recentemente meu quinquagésimo em cerca de quarenta anos, duvido que um dia serei um deles, mas isso seria uma bela ambição de equilíbrio entre trabalho e vida pessoal.

Os conquistadores de Munros, como são chamados, demonstram a essência da gratificação tardia e ilustram que enquanto o objetivo é alcançar o topo, o prazer e a experiência estão na viagem para chegar lá. Não há melhor sensação após uma subida de seis horas, muitas vezes em condições climáticas bastante adversas, do que alcançar o pico e, como a tradição determina, beijar a pilha de pedras ou adicionar uma pedra ao topo. A sensação de realização não seria a mesma sem o tempo e o esforço necessários para chegar lá.

Não precisamos caminhar sob chuva e granizo para vivenciar a jornada de realização. Em paralelo, o equilíbrio entre o trabalho e a vida pessoal requer um esforço de nossa parte para que conquistemos coisas das quais viremos a desfrutar, contemplar e apreciar na vida. Trata-se de escolher como usamos nosso tempo e o que ganhamos com isso.

Quando adolescente, nos anos 1980, eu tinha o sonho de ser dono de um Porsche 911 Targa. Naquela época, não tinha renda para esbanjar em uma extravagância dessas. Então eu disse a mim mesmo que me daria esse presente quando chegasse aos quarenta anos. Isso foi um atraso considerável de 22 anos para gratificação, mas o lembrete desse objetivo ao longo das décadas reacendeu meu entusiasmo, e também ajudou a aliviar qualquer ansiedade antecipada sobre qualquer "crise de meia-idade" (que acabou não se concretizando).

O que fiz quando cheguei aos quarenta? Não comprei um Porsche. Em vez disso, tirei minha licença de motociclista e, a bordo de uma tremenda máquina, viajei por um itinerário deslumbrante nas Terras Altas escocesas. Foi maravilhoso, e saber que pude escolher entre duas oportunidades fantásticas foi incrível. No entanto, tive que optar por não fazer trilha pela montanha que, de outra forma, eu teria desfrutado no mesmo período. Percebi que a trilha me dava mais satisfação... e era um pouco mais saudável para o corpo e para o planeta. No fim, para meu próprio equilíbrio entre vida profissional e pessoal, escolhi abandonar a motocicleta e retornar ao montanhismo. Quem sabe ainda posso comprar um Porsche um dia? No momento, acho que isso não melhoraria meu equilíbrio.

Como vimos, muito da criação de um equilíbrio bem-sucedido entre trabalho e vida pessoal consiste em fazer escolhas, algumas difíceis. O atraso na gratificação e o autocontrole nos permitem priorizar atividades e exigências para que nos tornemos criteriosos na gestão do tempo. Isso não significa que não podemos ter tempo ocioso ou nos permitir certos caprichos, e sim que eles precisam se encaixar no esquema geral.

Greg

Como muitos de nós, Greg lutava para conciliar as exigências do lar e do trabalho. Ele sentia que nunca tinha tido tempo de qualidade para si mesmo. Quando revisamos suas oportunidades de "tempo ocioso", reconhecemos que ele tinha, de fato, brechas na rotina que podia aproveitar para recarregar as baterias. No entanto, ele tinha tendência a desperdiçar essas oportunidades se divertindo com jogos eletrônicos, mídias sociais ou assistindo a vídeos de comédia no Youtube. Greg optou por mudar isso e construir em seu dia experiências mais marcantes e enriquecedoras, incluindo passear com o cão do vizinho depois do trabalho e fazer meditação guiada on-line antes de dormir. Ele se propôs a limitar os jogos aos fins de semana. Mesmo tendo considerado essa decisão difícil, reconheceu com certo entusiasmo quanto ele aproveitaria mais seus dias com essa mudança. Para Greg, menos era mais.

Eficiência pessoal

A habilidade de se concentrar é um processo que podemos praticar e desenvolver. Para nosso equilíbrio significa que somos capazes de injetar o nível adequado de concentração para atender à tarefa da melhor maneira no período mais curto de tempo. Trata-se de eficiência pessoal. Por que gastar mais tempo fazendo algo quando não temos que fazê-lo?

Alguns de nós somos proficientes em multitarefas: atendemos a várias demandas ao mesmo tempo. Em geral, ser multitarefa é percebido como se o cérebro de algumas pessoas fosse naturalmente conectado dessa maneira. No entanto, eu argumentaria que, na verdade, podemos desenvolver essa capacidade em virtude da necessidade. Os pais com filhos muitas vezes falam em fazer malabarismos para conciliar as necessidades da família e do lar, mudando de uma atividade ou demanda para outra em rápida sucessão.

Sempre fico impressionado e tenho um pouco de inveja das pessoas que conseguem digitar enquanto mantêm uma conversa ao telefone com alguém sobre um assunto totalmente diferente. Não consigo nem escrever e falar ao mesmo tempo, pelo menos não de forma significativa.

Ação de equilíbrio trabalho-vida pessoal

Multitarefa

Esta é uma atividade leve e divertida para testar suas habilidades multitarefa. Escolha um parceiro e se coloquem de pé um de frente para o outro. Comece uma conversa sobre algo com o qual ambos estão familiarizados. Em seguida, dê tapinhas leves na cabeça com a mão esquerda, enquanto faz movimentos circulares na barriga com a mão direita. Conte cinco repetições, depois troque de um lado para o outro, batendo na cabeça com a mão direita e fazendo círculos na barriga com a mão esquerda. Continue por dez repetições, trocando as mãos de posição a cada vez.

Em uma experiência completamente não científica com seis amigos que vieram jantar aqui em casa algumas semanas atrás, apenas dois (eu não era um deles) completaram a atividade corretamente até o final. O casal que já sabia que podia realizar várias tarefas ao mesmo tempo foi o vencedor.

No entanto, estou determinado a progredir nisso e comecei a praticar essa rotina em meu escritório com a porta fechada. Estou ficando melhor: isso pode ser aprendido. Só espero não ser interrompido porque vai ser difícil explicar por que estou falando sozinho enquanto dou tapinhas na cabeça e esfrego minha barriga!

Conciliando diversas tarefas ao mesmo tempo ou não, o fundamental é ser capaz de dar atenção, concentração e foco o suficiente à atividade pretendida. Assim como Greg, talvez tenhamos que fazer escolhas sobre o que fazemos, como e quando.

Procrastinação

Todos já experimentamos esse sentimento irritante, frustrante e incômodo quando estamos enrolando para fazer algo que sabemos que deveríamos. Não temos ânimo, criamos desculpas, estamos preocupados com outras coisas ou acreditamos que não é importante fazer aquela tarefa imediatamente. Muitas razões para procrastinar envolvem não ter em mãos ferramentas, informações, conhecimentos ou recursos.

Muitos de meus clientes descobriram que a procrastinação envolve não saber por onde ou como começar. Há também a ligação com o perfeccionismo, discutido antes, em que nossa busca para realizar uma tarefa perfeitamente nos faz perceber que talvez não sejamos capazes de fazê-la. Dessa forma, sentimos que é melhor não começar, em vez de tentar uma tarefa sem convicção.

A maneira simples de se livrar da procrastinação é começar a fazer alguma coisa, *qualquer coisa*. É a inatividade e a inação que perpetuam e alimentam a procrastinação.

Chen

Como aspirante a roteirista, Chen passava a maior parte do dia desenvolvendo personagens, linhas de enredo, sequências dramáticas e estruturas de história. No entanto, mesmo com uma série de roteiros entre suas conquistas, ainda sofre o bloqueio de escritor, como ele o chama. Nosso antídoto, simples mas eficaz, era: toda vez que sentisse esse vazio, digitaria no laptop um poema de Robert Burns de um livro que amava. Então, recitaria o poema. Poderia escolher qualquer coisa, mas o ponto aqui era que Chen precisaria se concentrar em copiar a velha língua escocesa e criar um layout de estrofe apropriado. Ao lê-lo, estaria se recompensando por seus esforços, particularmente porque ele era da Coreia do Sul e o inglês era sua segunda língua. Ambos os esforços exigiam que ele se concentrasse e que seu cérebro se engajasse na tarefa. O fato de ele estar escrevendo também iniciava o foco na escrita. Esse método o fazia livrar-se consistentemente do bloqueio de escritor.

O que Chen estava fazendo era seguir a sequência de dicas que podem ajudar a se livrar da procrastinação. Seu equilíbrio entre trabalho e vida pessoal foi melhorado significativamente, porque ele conseguiu fazer mais sem a tensão estressante de lutar contra o bloqueio e começar a trabalhar.

Ação de equilíbrio trabalho-vida pessoal

Evitando a procrastinação

As seguintes dicas podem ajudar a vencer a procrastinação. Assinale cada uma à medida que as alcançar:

- Evite distrações — desligue a internet, silencie o celular e alertas de mensagens ou e-mail.

- Aloque um tempo específico com um claro ponto inicial e final.
- Planeje, programe e priorize — a maioria das atividades requer planejamento e execução.
- Identifique quaisquer lacunas de conhecimento — descubra a informação que falta e onde consegui-la.
- Delegue ou colabore — pode ser útil falar com outras pessoas, para fazer com que você se concentre.
- Divida o trabalho em etapas para que não pareça tão grande.
- Crie objetivos pequenos, específicos e realizáveis.
- Visualize os resultados, como você vai de A a B e como se sentirá quando tiver concluído.
- Encontre um modo de aproveitar o trabalho que tem pela frente e um porquê de estar fazendo o que está fazendo.
- Recompense-se por cada conquista ou objetivo realizado (gratificação por atraso).

Muitas vezes, temos dificuldade para criar um equilíbrio bem-sucedido entre trabalho e vida pessoal em razão do tempo desperdiçado ou mal-utilizado. Dê uma olhada no cronograma de trabalho que completou na Tabela 4.2: se pensar na última semana que passou, garanto que será capaz de identificar os espaços de tempo "morto". O desafio é aprender com isso e tirar mais proveito desses momentos.

Cada um de nós tem a própria capacidade de concentração e foco. Precisamos encontrar o que nos convém. Se trabalharmos por muito tempo, podemos ficar cansados e perder a força motriz. Por outro lado, podemos sentir desconforto físico graças a longos períodos sentados ou por ações repetitivas.

Um método que achei útil para meus clientes foi adotar a chamada Técnica Pomodoro, para criar blocos de tempo de trabalho dedicado e focado. Essa técnica foi desenvolvida por Francesco Cirillo nos anos

1980.[4] A ideia é trabalhar em blocos de 25 minutos, auxiliado por um dispositivo de cronometragem ou relógio, que pode ser ajustado para tocar ou disparar o alarme. Então, tira-se um intervalo de cinco minutos em que se faz algo para refrescar ou recarregar a mente. As ideias incluem fazer uma caminhada curta, realizar exercícios de respiração ou de atenção, fazer um café ou beber água, e assim por diante. Em seguida, volta-se para outro ciclo de 25 minutos. Depois de quatro blocos de 25 mais cinco minutos, faça um intervalo mais longo, de quinze ou vinte minutos.

Esse método funciona bem, pois cria blocos de trabalho mais curtos e inclui frequentes intervalos. Ele reduz o potencial de sobrecarga e proporciona o tempo adequado para realizar uma tarefa.

Estado de fluxo

Você consegue pensar em algum momento em que estava tão consumido ou absorvido em uma atividade que perdeu toda a noção de tempo ou quantas horas passou realizando-a? Isso é conhecido como estado de fluxo e foi defendido no livro *Flow*, em 1990, pelo psicólogo Mihaly Csikszentmihalyi.[5]

O fluxo é o oposto dos sentimentos de apatia e tédio, porque nesses estados não somos desafiados. Quando temos a capacidade de ampliar nossas habilidades ou competências e experimentamos um desafio, é provável que nos encontremos em uma zona de aprendizado e foco. Portanto, experiências favoráveis surgem quando estamos engajados em níveis de competência e desafio elevados. A ausência de qualquer um desses níveis nos impedirá de entrar no estado de fluxo.

Isso nos traz a oportunidade de encontrar tarefas ou atividades que ampliam nossas habilidades e apresentam um desafio suficiente ao mesmo tempo. É claro que nem sempre teremos a oportunidade de conseguir, mas é possível buscar tarefas com essa intenção.

Gerenciamento da ambição

O que significa ambição para você? É uma parte importante de seu desenvolvimento pessoal e profissional, ou sente alguma pressão social ou familiar para demonstrar seu valor? Está procurando uma validação externa, ou seja, adoração, elogio ou aprovação dos outros? Todos gostamos de saber que estamos indo bem no trabalho, mas como podemos monitorar melhor ou reconhecer isso?

Talvez nossa ambição tenha a ver com o desenvolvimento de nossas relações pessoais: iniciar uma família, fazer parte da comunidade, envolver-se mais em atividades que não sejam de trabalho. A ambição não tem de se limitar à nossa vida profissional.

Encerramos este capítulo com um foco importante na gestão da ambição. Ela pode parecer secundária, porém é uma forte motivação para nossa produtividade e desempenho atual e futuro.

A maioria de nós só revê o currículo quando estamos procurando por um novo emprego. Vale a pena atualizá-lo a intervalos regulares para que possamos acrescentar conquistas à medida que avançamos. Muitas vezes, na pressa, esquecemos alguns dos grandes triunfos que podem fazer do nosso currículo uma leitura relevante e útil para um recrutador.

A atualização regular de um currículo também pode revelar quaisquer experiência ou habilidades que desejamos ou que precisamos adquirir. Em qualquer estágio da jornada de trabalho, temos um potencial para desenvolver e avançar. Podemos explorar esse potencial dentro de nossa organização atual ou talvez precisemos mudar para uma nova organização. Onde você está agora e onde quer estar no futuro? Uma das perguntas cruciais é "por quê?". Por que queremos uma melhor remuneração ou assumir uma maior responsabilidade? Em alguns casos, podemos estar perfeitamente satisfeitos onde estamos, mas ainda querer mais desafios.

Tanto no contexto de trabalho quanto fora dele, a ambição pode ser acompanhada pela competitividade. Talvez ainda tenhamos contato com nossos amigos de longa data e ainda haja alguma competitividade latente nessas relações, ou uma rivalidade entre irmãos. Queremos provar que somos capazes, queremos provar nosso valor. Mas por que isso é necessário e o que isso realmente prova?

O intuito dessas perguntas não é minar a importância ou relevância da ambição, e sim oferecer um incentivo para considerar os motivos da ambição e como ela afeta o equilíbrio entre trabalho e vida pessoal. Como isso pode afetar nosso parceiro, nossa família e nossos amigos? Como isso poderia ameaçar aspectos estabelecidos de um atual equilíbrio bem-sucedido? Às vezes, podemos impulsionar ou sermos puxados por uma vontade entusiástica de pular para o próximo estágio da vida ou uma sensação de sermos arrastados relutantemente para um novo caminho porque “deveríamos”.

Um trabalho pode estar criando desconforto, mas vale a pena considerar se, ou até que ponto, podemos estar conspirando com o problema. Há algo que podemos fazer de forma diferente ou melhor que mudará nossa experiência?

Brock

Embora seu desempenho fosse satisfatório no emprego, Brock estava ficando frustrado e disse que queria sair, entrar e subir a escada corporativa em outro lugar. Ao explorarmos seus impulsos, motivações e ambições, percebemos que seu emprego atual era um ajuste perfeito. O problema estava em seu próprio comportamento, pois ele tinha adquirido um hábito disfuncional de reclamar sobre o que fazia, desabafando frustrações e geralmente se lamentando. Não havia nada errado com ele ou com o trabalho, porém caíra nessa mentalidade negativa graças à familiaridade com o emprego. Ele percebeu que ainda havia desafio, excitação e oportunidade. Tornara-se seu próprio bloqueio psicológico. Uma vez que fez o esforço consciente para adotar uma atitude mais positiva e ajustar sua mentalidade, tudo começou a voltar ao normal.

A ambição e o avanço em nossa carreira podem ser muito emocionantes, contudo também podem criar certa ansiedade e tensão, porque não sabemos como as coisas vão evoluir. Conseguir que aliados ou nossa "equipe dos sonhos" nos ajudem a nos orientar na direção certa pode mitigar parte dessa pressão.

Pode ser difícil saber quando "fazer a mudança". Algumas pessoas parecem escolher o momento certo, outras podem achar que ficaram tempo demais em um cargo ou o deixaram muito cedo. Não há regra, pois cada circunstância é diferente. Trata-se de ser capaz de refletir de forma ponderada, visando como isso pode afetar nosso equilíbrio entre trabalho e vida pessoal.

Não há um verdadeiro limite em relação à ambição. Por que não alcançar as estrelas? Eu tinha um amigo engenheiro que sempre quis trabalhar para a Nasa. Admito que eu era um tanto quanto hesitante e cético em relação a isso, e tinha a sensação de que isso nunca iria acontecer. Mas aconteceu. Ele não apenas alcançou as estrelas, como conseguiu um emprego intimamente associado a elas.

Tudo pode acontecer. Entretanto, em razão de uma ambição mal programada em meu próprio equilíbrio entre trabalho e vida pessoal, minha busca para tornar-me fluente em português parece cada vez menos provável. Talvez eu devesse entrar em contato com a Nasa?

O princípio Mártir

Uma ameaça central para um equilíbrio bem-sucedido entre trabalho e vida pessoal é não completar aquilo a que nos propusemos ou esperamos alcançar. Dessa forma, ocupamo-nos com pendências ou geramos sentimentos de frustração ou estresse. Pequenas tarefas incompletas podem ocupar muito espaço na cabeça e causar preocupação e ansiedade. É necessário adotar uma abordagem mais sistemática para que as coisas sejam feitas.

As tarefas ou os objetivos têm mais chances de sucesso se tivermos condições de ser bem-sucedidos neles. Isso pode ser aplicado tanto à vida doméstica quanto à vida profissional, seguindo um procedimento que desenvolvi, chamado de Princípio Mártir. Você pode se lembrar dele pela ideia de "não ser um mártir para seus objetivos".

Ação de equilíbrio trabalho-vida pessoal

O Princípio Mártir

O Princípio Mártir pode ajudar a começar e terminar objetivos ou tarefas:

M	As metas precisam ser **mensuráveis**, com um ponto de partida e de chegada com passos bem-definidos.
Á	As metas devem ser **alcançáveis** em relação a suas habilidades, recursos e tempo disponível.
R	As metas devem ser **realistas** e capazes de serem completadas suficientemente bem.
T	As metas devem ser planejadas e programadas com **tempo** adequado e alguma contingência.
I	Você deve se **interessar** por completar a tarefa: o entusiasmo cria energia e ação.
R	Incluir uma **recompensa**, apreciação ou reconhecimento pela realização do objetivo.

Estratégia "dar um jeito na vida": produtividade e desempenho

O sistema de escalonamento na tabela a seguir se aplica a cada tópico discutido neste capítulo e se baseia em sua percepção pessoal sobre a existência de uma deficiência, desequilíbrio ou necessidade... ou não. Todos são diferentes, portanto não há certo ou errado; apenas, considere as lacunas que existem para você.

A pontuação usa um índice percentual autoavaliado de 0-100%, com 0% referente a necessidades totalmente *não atendidas* e 100%

equivalente a necessidades totalmente *atendidas*. Some os totais percentuais e divida-os pelo número de tópicos para obter uma porcentagem total referente a este capítulo. No fim do livro, terá um total percentual para cada capítulo, dando-lhe espaço para considerar onde precisa priorizar a ação.

Se algum tópico for irrelevante para você, ignore-o e reduza o número de tópicos que dividirá.

	Tópicos	**Porcentagem de necessidades atendidas atualmente %**
1	Gerenciamento de tempo	
2	Delegação	
3	Horário de trabalho	
4	Satisfação no trabalho	
5	Eficiência pessoal	
6	Gerenciamento da ambição	
Pontuação total para o Capítulo 4 (de 600%): "Produtividade e desempenho"		
Divida essa pontuação total por **6**		
Pontuação percentual total (de 100%) para o Capítulo 4		

Para visualizar melhor, trace um ponto no diagrama do radar (Figura 4.1) com a mesma escala percentual: 0% para necessidades totalmente não atendidas até 100% para necessidades totalmente atendidas. Você pode então unir os pontos para formar um radar de auditoria de necessidades. Esse método lhe dá uma pista visual para identificar as lacunas em suas necessidades.

Figura 4.1 Produtividade e desempenho

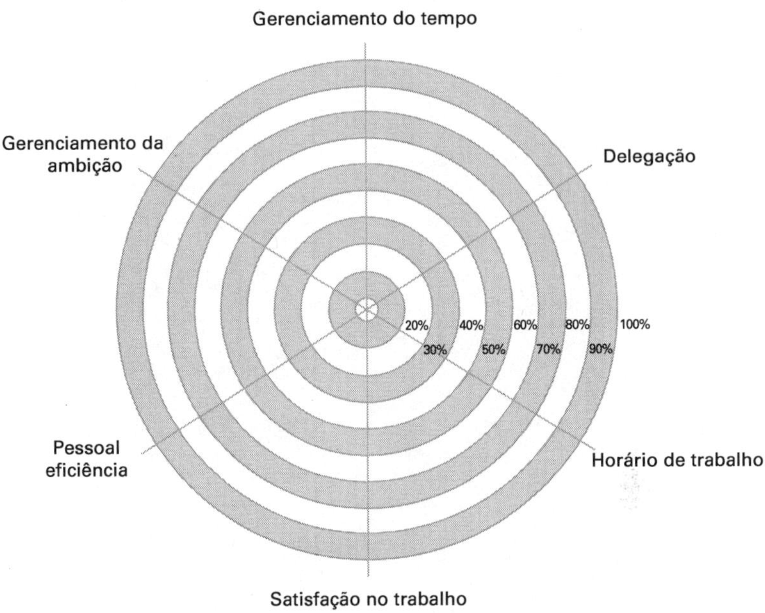

Este capítulo sobre produtividade e desempenho concentrou-se nas minúcias mais funcionais e práticas de como nos desempenhamos no trabalho e como melhorar nossa eficácia e eficiência. Trabalhar mais rápido e de forma mais inteligente nos permite escolher a melhor maneira de utilizar as exigências de nosso tempo. Embora grande parte do foco tenha sido direcionado para nossa vida profissional, vimos que nossa vida não profissional também se beneficia de um planejamento e programação eficientes de nosso tempo.

O próximo capítulo reconhece que, com as melhores habilidades de conciliação da vida profissional e pessoal no mundo, nosso bem-estar físico e psicológico acaba por determinar o escopo e a viabilidade daquilo com que nossas mentes e nossos corpos podem lidar e do que precisam.

05

Bem-estar físico e psicológico

Muito do que tem sido discutido até agora envolve nossos ambientes de trabalho ou domésticos. Eles são externos ou extrínsecos no sentido de que entramos e saímos desses locais de acordo com nossas exigências e cronograma. Eles também podem mudar: podemos trocar de casa, começar ou terminar relacionamentos ou fazer a transição para um emprego diferente. Mas o que permanece constante é que continuamos sendo a mesma pessoa. Evoluímos, aprendemos e nos desenvolvemos, mas estamos presos a corpos e mentes que nos tornam quem somos.

Nosso caráter, identidade e personalidade moldarão significativamente a forma como criamos e gerenciamos nosso equilíbrio entre trabalho e vida pessoal. Somos todos influenciados por uma multiplicidade de fatores, eventos e experiências de vida. Nossa educação, nossos pais e amigos terão impacto nos nossos relacionamentos e nas nossas habilidades de comunicação, e isso resulta na forma como nos relacionamos com as pessoas ao nosso redor.

Esses fatores únicos influenciarão a manutenção de nossa saúde física e mental como parte do equilíbrio entre trabalho e vida pessoal.

Gestão do estresse

Todos precisamos de certa pressão em nossa vida para nos dar motivação e desafio. Infelizmente, manter um equilíbrio saudável entre trabalho e vida pessoal não é simples. Não podemos determinar ritmo, velocidade ou sequência de exigências sobre nós, por mais organizados que sejamos. As coisas mudam, e quando a pressão aumenta, precisamos lidar com ela. O Princípio Eisenhower abordado no Capítulo 4 destacou que podemos ter algum controle sobre o que decidimos ser importante ou urgente em termos de prioridades. Algumas vezes, no entanto, tudo parece urgente e importante.

Se nos depararmos com mais exigências do que podemos lidar de forma aceitável, podemos nos sentir como uma panela de pressão: prestes a explodir. Algo precisa ser feito. Precisamos liberar parte dessa pressão antes que a situação se torne insuportável.

À medida que a pressão aumenta, pode ser difícil manter um senso de perspectiva, porque restringimos nosso campo de visão. Nossos recursos são gastos para enfrentar as demandas em vez de darmos um passo atrás no intuito de avaliar a situação. Se estivermos em modo de alta pressão por um curto período de tempo, é provável que consigamos lidar muito bem com a situação. Isso é o que ajuda a definir uma resiliência pessoal, à medida que aprendemos a lidar com situações adversas. O importante é ser capaz de identificar o ponto em que isso dura mais do que podemos suportar ou quando estamos nos aproximando da sobrecarga e do esgotamento.

Estresse é um termo para descrever o ponto em que nossas habilidades de lidar e gerenciar se tornam insuficientes para administrar as pressões que nos são impostas. A curva de desempenho humano (ver Figura 5.1) está ligada à lei Yerkes-Dodson, elaborada pelos psicólogos Robert Yerkes e John Dodson em 1908 para ilustrar que o desempenho aumenta em proporção ao estresse ou ao estímulo, mas apenas até certo ponto. O excesso de estresse ou de estímulo reduz o desempenho.[1]

Idealmente, precisamos estar operando na marcha engajado/motivado. Uma marcha mais lenta pode nos tornar apáticos ou inativos, e uma mais alta nos cansar ou esgotar. A parte mais complicada é trabalhar o que funciona para nós. Um ponto *motivado* para você pode parecer um ponto *esgotado* para mim, ou vice-versa.

Do ponto de vista do equilíbrio entre trabalho e vida pessoal, alguns de nós podem ser mais capazes de lidar com pressões em determinada esfera da vida, no trabalho ou em casa. Isso pode se dar porque estamos mais familiarizados com uma dessas esferas ou porque temos delimitações ou limites em vigor. Também podemos ter melhores apoio e recursos. Porém, é verdade que podemos nos sentir incapazes de lidar com pressões em todos os segmentos da vida. Não temos um barômetro de estresse embutido. A escola nos dá uma educação, mas não necessariamente uma forma de lidar com as pressões da vida.

Figura 5.1 Curva de desempenho humano adaptada de Yerkes-Dodson (1908)

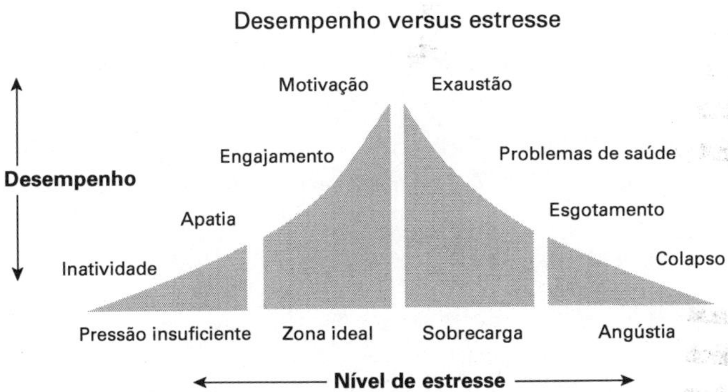

Provavelmente, todos nos sentimos "estressados" em algum momento da vida, o que invariavelmente afetará nosso equilíbrio entre trabalho e vida pessoal. Não somos imunes a eventos da vida ou situações adversas e difíceis.

Konstance

Depois de perder o pai em uma longa batalha contra o câncer, Konstance teve a vida doméstica muito impactada. A família estava mais presente, assim como as lembranças de fotos e cartas. Ela estava de luto e tirou um tempo para compreender os aspectos normais, ainda que angustiantes, da perda. Achava muito mais fácil lidar com o trabalho, pois seu emprego, como controladora de crédito, exigia foco e concentração. Isso lhe dava limites e uma estrutura dentro da qual podia seguir com a vida.

Encontrei-me com ela algumas vezes, quando sentia que esse desequilíbrio era insensível ou "errado". Ela sentia que deveria estar de luto em todos os aspectos da vida. Entretanto, com o tempo, percebeu que o trabalho era um importante ambiente de calibragem, dando um tempo de descanso temporário para o luto. Isso lhe dava permissão para colocar a perda "em pausa" durante parte de seu dia e, assim, funcionar melhor.

O impacto dos eventos da vida ou a acumulação de estresse pode nos afetar de diversas maneiras. Konstance não estava acostumada à perda, especialmente de alguém tão próximo. Suas formas conhecidas de lidar com as dificuldades não eram suficientes para que ela pudesse compreender a singularidade de sua situação e o que era, de fato, ok.

Richard

Quando conheci Richard, ele apresentava problemas de gerenciamento de raiva. Sentia que estava perdendo o controle sobre como lidava com uma série de situações estressantes. Muitas vezes, perdia a paciência com a família e com os colegas de trabalho. Cada vez que se acalmava, sentia-se culpado e arrependido. Richard queria aprender técnicas de gerenciamento de estresse para que pudesse encontrar alternativas para suas explosões de raiva. Enquanto explorávamos alguns exercícios de relaxamento e respiração, ele percebeu que também era útil aprender sobre si mesmo e seus desencadeadores de estresse. Se pudesse identificar quando o estresse estava passando de seu nível motivado e ideal para um que esbarrasse na exaustão e na sobrecarga, poderia tomar medidas para evitar qualquer reação comportamental adversa.

Como Richard descobriu, é muito melhor gerenciar o estresse de forma preventiva do que no calor do momento. Isso requer um esforço consciente e alguma prática. Como mencionei no Capítulo 4, muitas vezes é mais fácil detectar sinais de estresse em um membro da família ou colega de trabalho do que em nós mesmos. Na última vez que ministrei um workshop sobre estresse, pedi à plateia que levantasse a mão quem conseguia identificar quando estava ficando estressado. Alguns ergueram as mãos. Quando perguntei se tinham visto recentemente sinais de estresse em algum de seus colegas, quase todos levantaram as mãos, apontando um para o outro, sorrindo e acenando com a cabeça.

Nosso equilíbrio entre trabalho e vida pessoal pode ser muito mais bem calibrado quando antecipamos e agimos com base em sentimentos potenciais de estresse *antes* que eles se movam para a zona de sobrecarga. Em resposta a isso, desenvolvi um Indicador de Ativação de Estresse (ACCAD) para nos ajudar a detectar sinais de estresse em nós mesmos e nos outros. Se conseguirmos detectar melhor os sinais de estresse, temos a oportunidade de nos cuidar e cuidar uns dos outros.

Ação de equilíbrio trabalho-vida pessoal

ACCAD Indicador de Ativação de Estresse

Se identificar qualquer um dos fatores de estresse da tabela 5.1, você, seu familiar ou colega de trabalho pode estar experimentando sintomas de estresse. O ACCAD cobre os aspectos:

- **A**fetivo — sentimentos e emoções;
- **C**omportamental — ações;
- **C**ognitivo — pensamentos e raciocínios;
- **A**mbiental — social;
- **D**iferencial — mudanças.

> Esses aspectos abrangem os gatilhos mais corriqueiros, e os termos foram escolhidos por serem comuns, em vez de necessariamente um encaixe exato em uma categoria, porque há alguma sobreposição, mostrada na Tabela 5.1.

Um tema comum mencionado acima é perceber mudanças na forma como pensamos, agimos ou nos comportamos. Tendemos a funcionar com hábitos bastante consistentes; portanto, é quando nos desviamos da norma que as coisas podem estar nos afetando adversamente e gerando estresse.

Pensamento positivo

Um grande inibidor do equilíbrio entre trabalho e vida pessoal é o pensamento disfuncional, que pode distorcer desnecessariamente a forma como interpretamos e processamos nossa experiência de vida. Estamos contribuindo para o que de outra forma poderia ser uma perspectiva mais positiva? O equilíbrio efetivo entre trabalho e vida pessoal diz respeito a desfrutar o máximo possível de todos os aspectos de nossa vida atarefada. É certo que, ao longo do caminho, todos teremos dias ruins ou passaremos por um evento de crise na vida, por isso é impossível pensar positivamente o tempo todo. Gosto de considerar o pensamento positivo como "pensamento não negativo". Pode parecer uma dupla negativa, mas descobri com os clientes ao longo dos anos que, quando você reduz ou minimiza o pensamento negativo, abre um fluxo mais instintivo de pensamento positivo. Isso surge naturalmente.

Tabela 5.1 ACCAD Indicador de Ativação do Estresse

Afetivo/emocional	Comportamental/ações	Cognitivo/pensamento	Diferencial	Ambiental
Ansiedade/tensão	Comportamento errático	Preocupação	Mudanças no apetite	Evitar as pessoas
Irritação/angústia	Mudanças no padrão de sono	Depressão/abatimento	Ganho/perda de peso	Aumento da socialização
Raiva/agressões	Transpiração/palpitações	Pensamentos negativos	Mudanças na frequência	Aumento do consumo de álcool
Frustração/irritação	Comportamento inusitado	Falta de perspectiva	Nervosismo	Rebeldia
Mau humor	Mau humor	Desorganização/ comportamentos erráticos	Dor nas costas/ pescoço	Tornar-se mais desconfiado
Ataques de pânico	Contestação	Má tomada de decisões	Suor frio/tremores	Apatia doméstica/ no trabalho

Afetivo/emocional	Comportamental/ações	Cognitivo/pensamento	Diferencial	Ambiental
Impaciência	Condução agressiva	Maior incidência de erros	Doenças de pele	Compras excessivas
Emotividade	Falta de energia	Má concentração	Enxaqueca/dores de cabeça	Ausências no trabalho
Nervosismo/ irrequietude	Distração	Obsessividade	Roer as unhas/puxar o cabelo	Evitar passatempos
Inquietação/ incerteza	Atrasos no trabalho	Neuroticismo	Distração	Aumento da assunção de riscos

O pensamento negativo pode ser comparado com a âncora de um barco. Quando ancorado, não vamos a lugar algum; ficamos parados e presos. Mas quando recolhemos a âncora, podemos velejar sem restrições até o pôr do sol distante. Temos a tendência de lançar nossa âncora durante tempos difíceis, mas ainda podemos escolher se a lançamos ou não.

Encorajar uma mentalidade de pensamento positivo pode ser difícil se houver um pano de fundo de pensamento negativo. Não importa quantos motores tenhamos em nosso barco, ele ainda não irá a lugar algum se estivermos ancorados.

Há uma distinção importante aqui, porém. Algumas emoções cruciais existem para nos ajudar a lidar com situações difíceis. Não há problema em nos sentirmos tristes quando sofremos uma perda, desapontamento quando algo não funciona como planejado ou arrependimento se agimos de forma inadequada. Esse barômetro emocional nos permite expressar como nos sentimos em relação a inúmeras experiências. No entanto, é importante para nossa saúde e bem-estar que essas emoções sejam temporárias e proporcionais à situação. Se nos encontrarmos assolados por tristeza, decepção ou arrependimento no longo prazo, pode ser o momento de falar com um terapeuta.

Ação de equilíbrio trabalho-vida pessoal

Pensamentos negativos

A seguir, apresentamos um resumo dos traços comuns de pensamentos negativos. Você se identifica com algum deles?

Culpa tendenciosa	Assumir a responsabilidade por algo pelo qual não foi culpado ou não assumir a responsabilidade por algo em que teve culpa.
Catastrofização	Considerar as coisas fora de proporção ou enxergar o pior cenário possível.

Condicionalidade	Ver as coisas em termos absolutos: "Ou faço algo perfeitamente ou sou inútil."
Viés negativo	Apenas enxergar as evidências contrárias e não as que são a favor.
Generalização	Fazer conclusões gerais baseadas apenas em provas limitadas.
Palavras críticas	Ser influenciado por palavras de opinião como "dever" ou "obrigação".
Emocionalidade	Ser conduzido pela forma como nos sentimos para determinar como pensamos, ou seja, triste significa ruim.
Preconceito de viés futuro	Assumir que o futuro será prejudicado por épocas difíceis do passado.
Bloqueio passado	Não viver no presente ao ser reprimido por experiências passadas.
Suposições	Acreditar que sabemos como os outros agirão, sentirão ou pensarão sem provas reais.

Reconhecer alguns dos comportamentos negativos em nossa vida é o primeiro passo para desafiá-los e mudá-los. Alguns podem estar associados a eventos ou experiências significativas pelos quais passamos e podem não ser facilmente reorientados. Isso não quer dizer que não possam sê-lo. Pelo contrário, pode exigir a intervenção de um terapeuta para ajudar a encontrar a solução.

As categorias do indicador de estresse ACCAD discutidas anteriormente podem oferecer uma porta de entrada para mudar o pensamento negativo. Cada uma das áreas pode ser interligada, podendo influenciar umas às outras. Isso significa que hábitos de pensamento distorcidos podem ser alterados desencadeando uma mudança em nossos sentimentos, humores e comportamentos, nossas ações ou emoções, operando uma diferença física ou interagindo com nosso ambiente social ou mais amplo.

Por outro lado, uma forma popular de reavaliar a negatividade é considerar as evidências a favor ou contra qualquer pensamento negativo automático. Reavaliar emoções ou sentimentos associados aos pensamentos negativos pode mudar a interpretação de uma situação.

Uma vez que façamos um esforço consciente para reduzir os hábitos de negatividade, veremos uma série de resultados positivos, todos com impacto no equilíbrio entre trabalho e vida pessoal. A negatividade ocupa tanto espaço e cria uma espiral repetitiva que raramente leva a lugar algum. Libertar-nos disso nos permite fazer escolhas mais racionais sobre nossas necessidades e exigências no trabalho e na vida doméstica. Em suma, desfrutaremos mais de nossa vida. Quem não quer isso?

Serenidade na ansiedade e na preocupação

Decisões e escolhas feitas com a mente clara e ordenada provavelmente gerarão um resultado melhor porque seremos mais produtivos e decisivos, menos propensos a erros ou acidentes. Os principais obstáculos para isso, sobretudo para a manutenção de um equilíbrio bem-sucedido entre trabalho e vida pessoal, são a ansiedade e a preocupação.

Não há nada de errado ou ruim na ansiedade em si, e todos podemos ser afetados por ela. É uma emoção primordial que, em termos evolutivos, nos alerta para os sinais de perigo. Poderíamos escolher lutar, fugir ou ficar paralisados em resposta à ameaça. Entretanto, o grau de ansiedade que sentimos às vezes pode ser inadequado e desproporcional. Também podemos adquirir o hábito de nos sentir ameaçados em quase tudo o que fazemos. Isso está alinhado aos padrões de pensamento negativo em que nos acomodamos em uma infeliz familiaridade em ser uma pessoa ansiosa, o que, por sua vez, resulta em perda desnecessária de tempo, angústia e tensão.

Muita ansiedade ou preocupação é gerada porque não sabemos qual pode ser um resultado ou tememos o pior. Muitas vezes, o medo da incerteza ou do desconhecimento invoca o pavor. A vida não nos dá o luxo de saber tudo ou prever o que vai acontecer. Precisamos encontrar um modo de tolerar a ambiguidade e a incerteza.

Milo

Quando veio me ver, Milo estava visivelmente ansioso. Estava a três semanas de saber se havia tido sucesso em conquistar seu título de doutor. Ele não suportava a espera e temia todo tipo de consequências negativas se não o conseguisse. Depois de anos de trabalho duro e dívidas consideráveis, temia o pior: decepcionar seu supervisor acadêmico, nunca conseguir um emprego, sua esposa e família o deserdarem e todos os seus amigos pensarem que ele era uma fraude.

Desafiamos as provas. Ele teria que esperar três semanas pelos resultados e não havia nada que pudesse fazer para mudar isso. Fato. O resto não era baseado em fatos. Ele podia controlar como lidar com a espera ao trabalhar mudanças na forma de pensar, sentir e agir em relação a ela. Passamos pelo modelo ACCAD e ele escolheu uma série de ações: praticar a técnica de mindfulness da varredura corporal para relaxar (afetivo),[2] sair de casa por um período durante o dia (comportamental), fazer alguma atividade física (diferencial) e interagir com outras pessoas (ambiental/social) voluntariando-se por dez dias com um grupo que limparia uma praia na costa oeste da Escócia.

Quando me contatou para me contar da conquista do título de doutor, fez questão de destacar a intensa diversão que teve com sua experiência de limpeza da praia, com o bônus adicional de fazer novos amigos. Para mim, esse foi um tremendo resultado de equilíbrio.

Ao considerarmos o impacto da ansiedade e da preocupação em nosso equilíbrio entre trabalho e vida pessoal, o fundamental consiste em executar ações. A inação é o alimentador da ansiedade. Como diz o ditado popular: "Se você fizer o que sempre fez (preocupar-se), terá o que sempre teve (preocupação)." Se sempre tememos um compromisso de falar em público com medo e angústia, cada vez que nos depararmos com um compromisso de falar em público, provavelmente experimentaremos uma mistura de medo e angústia. Algo precisa mudar e interromper o ciclo.

Tenho usado um modelo simples ao longo dos anos, que pode ajudar a dissipar os mitos de nossas preocupações e, assim, conseguir uma sensação de calma. A fonte desse modelo é desconhecida. Chamo-o de modelo "Don't worry, be happy", ou "não se preocupe, seja feliz".

Ação de equilíbrio trabalho-vida pessoal

Não se preocupe, seja feliz

O modelo "Don't worry, be happy" nos desafia a considerar o ponto ou o propósito do porquê e quando nos preocupamos. Se pudermos fazer algo sobre o que nos preocupa, estaremos assumindo o controle e tomando medidas para mitigar e reduzir a necessidade de nos preocuparmos. Se não pudermos fazer nada a respeito, a preocupação não vai ajudar (Figura 5.2). Isso introduz um componente de escolha à questão de nos preocuparmos — podemos optar por nos preocupar ou escolher não nos preocupar.

Figura 5.2 O modelo "Don't worry, be happy".

A parte "ser feliz" do modelo significa essencialmente que, livrando-nos da preocupação, nos abrimos para a oportunidade de felicidade e tranquilidade. É difícil se preocupar e ser verdadeiramente feliz ao mesmo tempo.

Katy

Quando o marido perdeu o emprego, Katy precisou encontrar um, após muitos anos cuidando da casa. Ela assumiu um cargo em um pequeno centro de conferências, administrando o pessoal de limpeza e o serviço de buffet. Era algo com que tinha experiência prévia, mas ela se tornou, como descreveu, uma "preocupada profissional", em pânico sobre quase todos os aspectos do cargo. Quando aplicamos o modelo "Don't worry, be happy", ela começou a perceber que estar constantemente preocupada havia se tornado sua maneira de ser — na verdade, não havia muito com o que precisasse se preocupar. Assim que ela percebeu que era desnecessário e não servia a nenhum propósito funcional, reconheceu as oportunidades de mudança. Além disso, a calma que sentiu ao modificar seu comportamento preocupado fez com que sua satisfação no trabalho aumentasse significativamente.

Torne-se resiliente enfrentando seus medos

A ansiedade e a preocupação podem ser inibidores significativos do equilíbrio efetivo entre trabalho e vida pessoal, pois atuam como obstruções. Ficamos mais paralisados pela ansiedade do que o próprio estímulo da ansiedade. Gastar tempo nos preocupando com um evento futuro — como um compromisso de falar em público — pode reduzir nosso foco e nossa capacidade de nos prepararmos para ele, causando uma ansiedade ainda maior. Por outro lado, se nos mantivermos firmes na convicção de que vamos nos sair bem, é mais provável que tenhamos um bom desempenho. Se acreditamos que podemos conseguir algo, provavelmente conseguiremos. A autoconfiança e a convicção em si podem se tornar um acelerador significativo para o sucesso.

Acontece que o medo do fracasso é muitas vezes maior do que a experiência ou a consequência dele. A resiliência vem da aceitação de que encontraremos circunstâncias difíceis, mas que temos a capacidade de aprender e de nos adaptar a elas. Ao fazer isso, tornamo-nos mais flexíveis, mais bem preparados e imunes contra os impactos destrutivos de futuros eventos difíceis da vida.

Tudo isso envolve uma mentalidade de não fugir das coisas que nos deixam ansiosos ou preocupados. Trata-se de enfrentá-las. O que se consegue ao fugir de um medo? O medo permanecerá. De alguma forma, devemos encontrar um meio de compreendê-lo, dar sentido a ele e mitigar seu componente.

É importante reconhecer que há o bom medo e a boa ansiedade, assim como há boas bactérias em nosso corpo para manter a saúde e nos ajudar a funcionar. O bom medo e a boa ansiedade nos avisam sobre o perigo real e as ameaças significativas. Devemos avaliar onde esse componente "real" existe. Quando eu era jovem, aprendi uma lição valiosa sobre não acender fogueiras com folhas secas e gasolina. Meu medo de um incêndio é real e proporcional aos riscos envolvidos. Gasolina em folhas secas nunca mais!

No entanto, minha ansiedade em gravar meu primeiro podcast ao vivo não era justificada da mesma forma que o meu medo de incêndios. Eu não enfrentaria a mesma perspectiva de morte. Era uma ansiedade de desempenho e, em parte, relacionada com o formato não familiar do podcast. Diante desse medo, percebi que essa era uma ansiedade boa. Ela fez com que me preparasse, praticasse e pesquisasse. Eu estava alerta e "de olhos abertos". Tudo correu bem e me senti ótimo depois. Eu tinha enfrentado esse medo e sobrevivido. Na verdade, não apenas sobrevivi, mas a experiência ajudou a me inspirar ainda mais. Se conseguirmos vencer um medo que pode ser eliminado, é provável que nos sintamos entusiasmados por ele. Isso pode nos fazer perceber que, uma vez vencido um medo, somos mais fortes e capazes do que pensamos. Quando acreditarmos que podemos lidar com quase tudo o que surge em nosso caminho, estaremos em melhor posição para assumir riscos e desabrochar nossa criatividade. Podemos viver a vida que merecemos. Como afirmou o filósofo alemão Friedrich Nietzsche: "O que não nos mata nos torna mais fortes."[3]

Enfrentar o medo com resiliência significa não perceber a autocrítica como ameaça e dúvida em si. É a charada dos pensamentos negativos discutida antes neste capítulo. Você não é um fracasso se não conseguir o que almeja; é um sucesso porque tentou. A resiliência envolve nos recuperarmos de situações difíceis, o que exige a capacidade de avançar a partir da adversidade. Se você observar a imagem de um lançador de dardo, verá que é preciso puxar o dardo para trás para lançá-lo à frente. Às vezes, talvez precisemos dar um passo para trás a fim de conseguir mover-nos dois passos para a frente.

Como mencionei antes, os medos e as ansiedades existem por causa de um componente desconhecido. Apenas não temos informações suficientes disponíveis para legitimar ou avaliar o medo. Uma vez que temos uma melhor percepção ou informação, somos mais capazes de racionalizar e julgar o medo real. Às vezes, porém, não teremos informações suficientes no momento e precisaremos sair, enfrentar nossos medos e lidar com eles.

Do ponto de vista do equilíbrio entre trabalho e vida pessoal, tomemos o exemplo de uma reunião anual de familiares distantes que pode gerar tensão ou ansiedade. Ok, talvez o evento do ano anterior tenha criado alguns conflitos, mas isso não significa que o mesmo acontecerá este ano. Pode ter havido tensões entre um casal de parentes, porém esse foi um problema deles, não seu. Algumas pessoas estavam atrasadas, outras não apareceram. O ano passado foi o ano passado. Este ano é uma nova experiência. Enfrente essa ansiedade, e rapidamente a perspectiva vai mudar para você.

Outro cenário pode envolver ser convocado para uma reunião não planejada com seu chefe. Você pode pensar: "O que fiz de errado? Por que eu? Serei demitido?" Ou poderia pensar: "Não tenho ideia do que se trata a reunião, então não vale a pena me preocupar com isso. Manterei a calma e aceitarei o que vier. Quem sabe posso até conseguir aquele tão esperado aumento de salário?!"

Permanecer calmo é uma escolha que pode fazer uma enorme diferença na forma como vivemos. Você tem uma escolha: você prefere estar calmo ou ansioso?

Foi o que pensei.

Enfrente o medo e fique calmo. Isso vai fazê-lo mais feliz também.

Felicidade

Enquanto o pensamento positivo tende a ser uma mentalidade, a busca pela felicidade é uma intenção ativa que pode ter um impacto claro em nossa abordagem para um equilíbrio entre trabalho e vida pessoal. Se fizermos coisas que contribuam para a felicidade, vamos aprimorar as experiências. Entretanto, a manifestação da felicidade está aberta a uma série de diferentes interpretações. O que me faz feliz talvez não necessariamente o faça feliz. Sinto-me feliz quando a seleção escocesa de futebol ganha uma partida, o que não é muito frequente. A menos que você seja escocês, talvez não compartilhe da minha felicidade. Da surpresa, sim, mas não necessariamente da felicidade.

Alguns podem considerar a felicidade como parte da fé ou da adoração dentro de uma religião ou ter compaixão e amor pelos outros. Para outros, a felicidade pode ser considerada de forma mais humanista, em termos de autocontrole, autogestão e autoatualização. Ou poderia haver um conceito mais filosófico.

Defino a felicidade, *grosso modo*, como um bem-estar positivo e subjetivo, experimentado aqui e agora. Não podemos estar felizes com o futuro, pois ele ainda não aconteceu e não podemos controlar o que acontecerá. Da mesma forma, podemos refletir sobre um momento feliz do passado, mas a experiência real da felicidade é sentida no presente.

Muitas culturas e sociedades se preocupam com o esforço para ser feliz, como se isso fosse uma panaceia para todos. Nossa definição de felicidade pode se confundir com uma busca por prazer. Pense no tópico do Capítulo 4 sobre gratificação tardia e começará a perceber uma diferenciação entre prazer e felicidade. Uma busca pelo prazer pode tornar-se enfadonha ou arrebatadora, porque é uma emoção experimentada em rompantes de curto prazo. Tentar alcançá-la pode parecer implacável. Eu poderia me presentear com uma caneca de cerveja Guinness gelada após um longo dia de caminhada pelas montanhas. Isso poderia me dar uma sensação de prazer no paladar e de felicidade sobre minha realização. Tomar seis canecas de Guinness pode aumentar o prazer, mas provavelmente desfaria a felicidade em razão das prováveis consequências adversas. Deve haver um equilíbrio em tudo.

Criar um equilíbrio bem-sucedido entre trabalho e vida pessoal requer um mecanismo de calibração. Esse mecanismo nunca é estático porque há muitas variáveis sobre as quais não temos controle. O mesmo ocorre em relação à felicidade. O bem-estar positivo e subjetivo pode ser colocado à prova de experiências difíceis e desafiadoras que podem frustrar, minar ou conspirar contra a felicidade.

A ironia, até certo ponto, reside no fato de que esses períodos desafiadores podem aumentar a intensidade, o significado e o prazer de momentos mais felizes. Há um conjunto crescente de evidências as quais sugerem que a dor, a perda, o fracasso e o trauma podem gerar em nós um crescimento transformador, imunidade psicológica e resiliência.[4]

Isso não quer dizer que devamos buscar o estresse ou o trauma nem diminuir a dor e o sofrimento que podemos sentir ao vivenciar tais cenários. Em última análise, trata-se de como interpretamos e atribuímos sentido a tais eventos. Como discutimos no Capítulo 1, propósito e significado são componentes do equilíbrio entre trabalho e vida pessoal, podendo impactar nossa definição e experiência de felicidade.

Torvin

No fim de seus cinquenta anos, Torvin vivenciou a morte de ambos os pais em um curto espaço de tempo. Seus alicerces psicológicos e emocionais foram abalados enquanto ele enfrentava a perda. Após um período de licença médica, sentiu que precisava voltar à estrutura e à rotina de seu trabalho editorial. Entretanto, embora nada tivesse mudado em relação ao trabalho, Torvin havia mudado. Logo, viu-se contando os dias antes de poder se aposentar e receber a pensão. Antes ele achava que seu trabalho oferecia liberdade e escolha, mas agora o via de maneira diferente, como um papel determinado por sua editora e clientes, não por ele.

O luto o fez perceber que não tinha sido feliz antes; tinha apenas alguma ilusão de felicidade e funcionalidade da vida profissional e da vida pessoal. O trabalho que fizemos juntos combinou estratégias de superação com o luto, compreendendo como isso afetou quem ele era como pessoa e seu sentido de vida. Ele se esforçou para se aposentar aos sessenta anos, em vez dos 65 propostos anteriormente, sem prejuízo significativo da renda previdenciária, e terminamos com sua decisão de fazer uma pausa. A última notícia que tive dele foi por meio de um cartão-postal que enviou do Danúbio, na Alemanha, contando que tinha conseguido um emprego de redator freelancer para uma publicação sobre viagens de cruzeiros fluviais e que nunca esteve tão feliz.

Meu trabalho com Torvin me fez perceber que nossa definição e conceito de felicidade pode mudar em um instante. Se fizermos uma pausa para considerar o que significa felicidade para nós em qualquer momento de nossa vida, podemos perceber que é diferente do que pensávamos. Por outro lado, podemos descobrir que nossa vida é boa o suficiente e que, sem perceber, somos felizes. Se você está feliz, bata palmas! Dê a esse segmento uma pontuação alta em seu sistema de pontuação de equilíbrio entre trabalho e vida pessoal neste livro e passe para uma área que requer atenção.

Nosso equilíbrio entre trabalho e vida pessoal mudará com o tempo e em relação aos eventos da vida. Podemos estar no mesmo emprego que estávamos há três anos, mas teremos adquirido mais três anos de experiência de vida e a sabedoria que vem com isso. Da mesma forma, nosso conceito de felicidade também pode ter mudado.

O segredo para criar um equilíbrio bem-sucedido é conduzir o sistema de pontuação utilizado neste livro de forma regular. Uma pequena alteração em um segmento pode ter um impacto significativo em outros. Com demasiada frequência, podemos navegar pela vida com o mínimo de consideração por nosso equilíbrio entre a vida profissional e pessoal, contentar-nos em seguir em frente e nos instalarmos na clássica zona de conforto.

Se há uma coisa que percebi por ser terapeuta é que não tomamos medidas preventivas e proativas antes que o acúmulo de estresse nos imobilize.

Necessidades e desejos

Como trabalhamos para definir o que significa felicidade para nós, vale a pena gastar um tempo para considerar a diferença entre necessidades e desejos. As necessidades são em grande parte necessárias para nossa sobrevivência ou para completar uma meta ou tarefa. Elas podem incluir necessidades domésticas, como um teto sobre nossas cabeças ou dinheiro suficiente para pagar as contas. No trabalho, precisamos de tempo e recursos que nos permitam fazer nossas tarefas.

Os desejos são geralmente algo que pode enriquecer nossa vida de alguma forma, mas que não é necessário. Uma necessidade, para mim, é um carro confiável para me levar ao trabalho. Um desejo pode ser aquele Porsche 911. Este último pode enriquecer minha experiência de dirigir, mas não vai atender melhor a uma necessidade.

Pode haver consequências quando as necessidades entram em conflito com os desejos. O Porsche 911 pode prejudicar significativamente meu saldo bancário, em detrimento de necessidades como alimentos e contas a pagar. Abordaremos o dinheiro e as finanças no próximo capítulo, porém basta dizer aqui que muito estresse e conflito ocorrem em nossa vida, particularmente em nosso equilíbrio, quando o custo de nossos desejos (incluindo o impacto de dívidas) sabota nossas necessidades.

A felicidade pode emergir da constatação de que precisamos de menos do que pensamos. Isso não só nos poupará dinheiro, como também aprenderemos a apreciar melhor o que temos. Pessoalmente, eu teria maior satisfação em ter cinco bons pares de sapatos do que um armário com 55 pares de sapatos medíocres.

Conheço várias pessoas que aproveitam e usufruem muito de sites de leilão e de compras comunitárias para vender tudo de que realmente não precisam e organizar suas casas (e suas vidas). Um de meus vizinhos costumava guardar o papelão interno dos rolos de papel higiênico para depois vendê-los em grande quantidade em um site de leilão aos entusiastas do artesanato que precisavam deles para seus passatempos.

Escolha e controle

Como já discutimos ao longo deste capítulo, muitos de nós gostamos de nos sentir no controle. Muito disso envolve familiaridade, rotina, estrutura e *status quo*, mas a vida é imprevisível. Essa ambiguidade pode nos lembrar de coisas que não sabemos, e é então que começamos a lutar pelo controle, para ter a familiaridade e a estrutura de volta. Mas vale a pena pensar no porquê de precisarmos de controle. Em muitos casos, não precisamos. É a percepção do controle que nos prende. A realidade é que precisamos de menos controle do que pensamos. Quando nos liberamos da preocupação em obter o controle, podemos experimentar uma enorme liberdade.

O que pode ajudar é ter a possibilidade de fazer escolhas, e com isso temos oportunidades. O sistema de pontuação de equilíbrio ilustrará quais aspectos de nossa vida precisam de atenção e consideração. A escolha, entretanto, determinará as prioridades e os resultados. Neste capítulo, posso ter uma pontuação comparativamente baixa para os quesitos "estresse" e "felicidade". Então, posso escolher trabalhar o que me estressa, na esperança de que isso conduza a uma felicidade mais natural. Por outro lado, pode ser que a escolha de me concentrar na felicidade reduza meus sentimentos de estresse.

Não podemos mudar algo que já aconteceu, mas podemos escolher como pensamos, nos sentimos ou agimos em relação ao fato. Edimburgo, a capital da Escócia, introduziu restrições de velocidade significativas em muitas de suas estradas do centro da cidade para trinta quilômetros por hora. Recentemente, participei de uma conferência lá, e, dirigindo por um trecho desconhecido, acho que fui fotografado por uma câmera de monitoramento de trânsito. Eu não iniciava muito acima desse limite, mas ainda vi o flash da câmera no espelho retrovisor. Isso realmente me irritou. Que idiota! Por que não prestei mais atenção?

Durante minha viagem de volta a Aberdeenshire, percebi que não podia fazer nada em relação a uma multa pendente, mas podia escolher como me sentia, pensava e agia em relação a ela. Poderia escolher murmurar palavrões durante as três horas da viagem de retorno, por exemplo. Do ponto de vista do pensamento, escolhi uma verificação da realidade. Se eu tivesse sido flagrado excedendo o limite de velocidade, seria isso. Fato. Lição aprendida. Eu pagaria a multa e prestaria mais atenção da próxima vez. Do ponto de vista emocional, escolhi escutar um jazz relaxante e me concentrar na minha respiração para me acalmar. Fiquei irritado e frustrado no momento do ocorrido, mas não precisava estar agora. Do ponto de vista comportamental, voltei para casa com as habilidades de um piloto de caça: percepção de riscos e monitoramento de velocidade.

Nosso equilíbrio entre trabalho e vida pessoal pode ser conturbado pela forma como reagimos a eventos inesperados. É normal, em algumas situações até útil, responder a eles no calor do momento, mas podemos escolher mitigar o impacto sobre nós. Meu exemplo demonstrou que, embora eu não tivesse controle aparente sobre o que aconteceu, ou pelo menos sobre suas consequências, a existência de uma série de escolhas trouxe de volta o controle ao meu mundo.

Vale a pena acrescentar um termo de responsabilidade às escolhas que nos dão controle. Às vezes descobrimos que certas escolhas podem nos causar conflito ou estresse porque podem se confrontar ou se opor uma à outra. Dessa forma, talvez precisemos tomar algumas decisões difíceis. Criar um equilíbrio bem-sucedido significa tomar decisões, algumas mais difíceis do que outras; temos que escolher o que é importante para nós no momento ou no futuro.

A dúvida surge fácil. E se fizermos a escolha errada? E se as coisas mudarem para sempre? É sempre importante ter em mente que talvez não façamos a escolha errada. Talvez as coisas possam mudar para sempre, mas para melhor.

Martin

Após ter sido demitido de seu emprego na indústria de petróleo e gás, Martin passou dezoito meses desempregado. Depois, ele e a esposa conseguiram empregos de meio período que fossem suficientes para sustentá-los e ao filho de cinco anos. Martin foi, depois, inesperadamente procurado por uma empresa de recrutamento com a oferta de um cargo lucrativo no Azerbaijão. A esposa e o filho não queriam ir e Martin teve de escolher: trabalhar fora do país por um período significativo de tempo sem eles, mas aumentar consideravelmente as finanças, ou ficar em casa para encontrar outras oportunidades. Martin escolheu deixar a oportunidade de lado e manter as coisas como estavam. Para ele e a família, a vida em conjunto era mais importante do que a melhor situação financeira que a separação traria.

Martin tomou a decisão certa? Você teria feito a mesma escolha? Na verdade, não importa. O que era certo para Martin e sua família na época foi a base da decisão deles. Sem o benefício da visão *a posteriori*, só podemos tomar decisões com base nas informações que temos no momento. Esta será sempre nossa legítima e confiável defesa: fizemos o que pensávamos estar certo na época.

Em muitos casos, quanto mais analisarmos os prós e os contras por trás de cada opção, mais provavelmente encontraremos uma vencedora.

Saúde mental

Do ponto de vista do equilíbrio entre trabalho e vida pessoal, nossa saúde mental é um barômetro de bem-estar tão importante quanto nossa saúde física. Ambas têm um impacto significativo uma sobre a outra.

Em 2018, o NHS da Inglaterra investiu apenas cerca de treze por cento de seus recursos em saúde mental.[5] Você diria que sua saúde mental comanda a mesma relação percentual de seu tempo e investimento em relação à sua saúde física? É um equilíbrio apropriado? Cerca de um em cada quatro de nós enfrentará um problema de saúde mental a cada ano.[6] Considere como isso pode afetar a família mais próxima, amigos ou colegas, assim como as rotinas domésticas e de trabalho.

Existe um estigma em torno das condições de saúde mental, muitas vezes envolvendo conceitos equivocados sobre como elas se manifestam nas pessoas e como são tratadas. Também há confusão e suposições sobre como definir doenças mentais, como se apenas algumas doenças ou experiências "contassem". Algumas pessoas me dizem que não gostam da palavra "mental" em "saúde mental", pois ela invoca todo tipo de conotações negativas (muitos podem achar que a saúde "psicológica" ou "emocional" é uma alternativa melhor). Tudo isso pode resultar em algumas pessoas não reconhecerem se sua saúde mental está se deteriorando ou não se sentirem capazes de procurar ajuda.

Se você já sentiu ansiedade ou prostração, isso também pode ser incluído no âmbito dos problemas de saúde mental. Embora possa não ser algo com que se preocupar imediatamente (como mencionei, todos experimentarem momentos de ansiedade, estresse e pensamentos negativos em nossa vida), é importante reconhecer essas experiências, caso elas se tornem mais regulares ou intensas. Todos precisamos ser honestos e abertos sobre nossa saúde mental, mesmo que apenas com nós mesmos, para que possamos buscar apoio quando precisarmos dele.

Suicídio: ajuda e apoio

Em 2017, quase seis mil pessoas se suicidaram no Reino Unido. Esse número exclui os muitos mais que fizeram tentativas de suicídio. Não está claro se há subnotificação. O suicídio é a principal causa de morte na faixa etária de vinte a 34 anos no Reino Unido, atingindo três vezes mais homens do que mulheres.[7]

Se você já experimentou tais pensamentos ou foi afetado pelo suicídio de alguma maneira, recomendo procurar apoio — de amigos e familiares, do programa de assistência aos funcionários de seu trabalho, de um terapeuta ou consultor treinado, ou para um dos serviços indicados aqui:

- CVV — Centro de Valorização da Vida (atendimento voluntário e gratuito 24h por dia): ligue 188 ou acesse https://www.cvv.org.br/ para chats e e-mails.
- Tá tudo bem?: aplicativo de prevenção ao suicídio.
- No Brasil, instituições de ensino superior que oferecem o curso de Psicologia disponibilizam atendimento psicológico a preços simbólicos ou gratuitamente.
- Clínica social do Instituto Cultural Freud (Rio de Janeiro): https://institutoculturalfreud.com.br/.

O bem-estar mental é um estado mental dinâmico no sentido de que ele pode mudar no curto e no longo prazo. Se estamos experimentando altos e baixos, pode ser útil começar a acompanhar nosso humor em um diário de estado de espírito para ver se há alguma tendência. Às vezes, pode ser difícil decifrar o que está acontecendo até que comecemos a detectar algumas pistas. Se estivermos sempre meio deprimidos no domingo à noite, talvez isso esteja nos comunicando uma relutância em ir trabalhar na segunda-feira. Ou a ansiedade sobre o almoço semanal com os sogros pode sugerir que temos um relacionamento difícil com essas pessoas. As flutuações ao longo do dia podem indicar uma deficiência alimentar. Pode haver variáveis meteorológicas ou de incidência de luz do dia. Muitas influências externas contribuem para nosso estado de espírito, e é importante entender o que nos afeta individualmente.

O modelo de ativadores de estresse ACCAD discutido anteriormente neste capítulo pode nos alertar sobre sinais de deterioração da saúde mental. A maneira de combater esses desencadeadores depende do que eles são, e essa luta está além do escopo e do espaço deste livro. No entanto, há certas coisas que podemos fazer para melhorar nossa saúde mental. As três primeiras são as mais importantes: comunicar, comunicar e comunicar.

Não há nada errado em não se sentir bem. Falar sobre como nos sentimos nos permite nos expressar e nos conectar com outra pessoa. É realmente bom conversar. Podemos não querer nem obter respostas, mas o poder de sermos capazes de nos abrir e nos sentir ouvidos por outra pessoa é enorme. Embora seja importante ser capaz de ouvir, estar disponível e ter empatia com outras pessoas, às vezes somos nós que precisamos de apoio; talvez sejamos nós que precisamos de atenção e de alguém para nos escutar.

Verifique novamente o tópico, no Capítulo 1, sobre habilidades de comunicação e escuta. Ele ressoa ainda mais com a próxima dica, que é a de cuidar e tomar conta de outras pessoas. Perguntar se alguém está bem quando se suspeita que talvez não esteja pode salvar uma vida. Ter esse reconhecimento empático pode fazer toda a diferença.

Em casa, podemos ter filhos, pais ou parentes que tomam conta de suas coisas em seu próprio mundo. Reservar um tempo para conversar com eles lhes permite compartilhar esses mundos e ajuda a dissipar o isolamento ou a solidão. Do mesmo modo, nossos colegas de trabalho podem parecer bem superficialmente, mas se sua intuição lhe diz o contrário, vale a pena perguntar de maneira sensata e apropriada como eles estão se sentindo.

A reestruturação é outra ferramenta poderosa para melhorar a saúde mental. Ela envolve a transformação da negatividade em positividade. Pode ser semântica, mas o poder das palavras é subestimado. Acho que meu livro favorito é um dicionário de ideias e afins. Adoro encontrar a palavra exata que melhor se encaixa em como me sinto ou para descrever uma experiência. Da próxima vez que você se sentir "nervoso", substitua a palavra por "agitado". Você terá exatamente os mesmos sintomas de comportamento, mas a interpretação, o significado e o resultado podem ser muito diferentes.

Outra ferramenta que utilizo é incentivar meus clientes a se programar para, na semana seguinte, escrever três coisas pelas quais se sentem gratos a cada dia. Podem ser coisas simples, incluindo chegar ao trabalho a tempo, o clima, um "obrigado", um sorriso de um colega de trabalho ou terminar o relatório. Também pode ser manter a casa arrumada, comer uma refeição saborosa, limpar o carro ou passear com o cachorro.

Por que você não tenta?

No fim da semana, terá 21 itens. Ler mais de 21 coisas pelas quais foi grato durante a última semana é um bom tônico. Há alguns anos, recebi uma carta de um antigo cliente que havia iniciado um esforço de "gratidão" de uma semana e conseguiu mantê-lo por um ano. Ele havia estocado e relatado mais de mil coisas pelas quais se sentia grato. Imagine como deve ter se sentido ao refletir sobre isso!

Um grande inibidor para o bem-estar mental e o equilíbrio é quando não damos espaço e atenção suficientes a nós mesmos. Não se trata de ser totalmente egoísta, mas precisamos dar a nós mesmos espaço para apreciar, cultivar e gostar de quem somos como indivíduos únicos e maravilhosos. Podemos nos permitir um longo banho de imersão, ouvir nossas músicas favoritas, dar uma caminhada ou passar um tempo em paz e tranquilidade, atento. Em um nível mais profundo, acredito que é difícil amar outra pessoa, se não aprendemos a amar primeiro a nós mesmos. O amor tem a ver com conexão, proximidade, apreciação, interesse e afeto. Pode parecer um pouco estranho amar a nós mesmos, mas isso é porque poucos de nós o experimentamos.

Seguindo o raciocínio, como nos divertimos? O que significa diversão para você e quando a experimentou pela última vez? Divertir-se, sozinho ou com outros, nos faz sentir bem, por isso é fundamental fazê-lo o máximo que pudermos.

Expressar nossa criatividade e aprendizado é uma forma de manter nossa mente saudável e funcional. É quando entramos em uma rotina, sentimo-nos entediados ou apáticos que podemos acabar abrindo a porta para o desânimo e a negatividade. Uma adaptação da ideia anterior é o desafio de expressar sua criatividade de alguma forma ou aprender algo novo a cada dia. Pode ser muito divertido quando adaptamos essa ideia tanto ao nosso trabalho quanto à vida doméstica, em particular quando o fazemos com outras pessoas.

Aprimorar ou praticar algo em que somos bons ajuda a reforçar nossos pontos fortes e a desfrutar do que sabemos que podemos fazer. De fato, abandonar as coisas em que não somos bons ou de que não gostamos é importante para nos aliviar do estresse. Mais uma vez, temos uma escolha: aguentar e conquistar um objetivo difícil ou escolher algo mais apropriado e realizável. Lembra-se do acrônimo Mártir para alcançar objetivos?

Três outras palavras subestimadas que não usamos o suficiente são "obrigado", "não" e "desculpe", que podem ter algum impacto na manutenção de nosso bem-estar mental. A primeira nos permite expressar gratidão, apreço e reforçar nossa conexão com outras pessoas. O "não" nos dá a permissão e o direito de nos afirmarmos apropriadamente; é importante não assumirmos responsabilidades demais. Dizer "desculpe" introduz o potencial de perdão de outra pessoa e de nos permitir aprender a perdoar.

A saúde mental e o bem-estar afetam a todos nós de diferentes maneiras, e criar um equilíbrio bem-sucedido significa aplicar isso em todos os aspectos de nossa casa e vida profissional. Uma lacuna ou carência em um dos aspectos pode afetar o outro. Quase todos os tópicos de cada capítulo deste livro têm o potencial de impactar a saúde mental e o bem-estar, incluindo o tópico seguinte, sobre saúde física. Este tópico aqui serve para pregar ainda mais a sua importância.

Saúde física

Enquanto saúde mental consiste no que está acontecendo em nossa mente, saúde física se refere ao resto de nosso corpo, incluindo o que entra e o que sai dele. Há três grandes componentes que cobriremos: exercícios, dietas e sono. Todos têm uma relação significativa com nosso equilíbrio entre trabalho e vida pessoal, pois nos ajudarão a reunir a energia para cumprir nossas demandas diárias, ou não, conforme o caso.

Não há um modelo específico para a saúde física, pois somos seres humanos únicos, e não máquinas — ainda assim, em alguns aspectos, somos máquinas. Temos uma fisiologia e biologia complexas que precisam ser gerenciadas de forma eficaz para que possamos produzir. Precisamos cuidar dessa bela máquina também. Se a negligenciarmos ou abusarmos dela, teremos problemas ou desempenho abaixo de nossa capacidade. O desafio é aprender e entender como nossos corpos funcionam e do que precisam para obter a eficiência máxima. E isso inclui aprender como e quando precisamos relaxar, nos recuperar e recarregar. Temos apenas um corpo. Quando ele se vai, é definitivo.

Exercícios

A Organização Mundial da Saúde (OMS) recomenda que quem tem entre dezoito e 64 anos se envolva em pelo menos 150 minutos de atividade física aeróbica de intensidade moderada ou 75 minutos de exercício aeróbico de alta intensidade (ou combinação equivalente) a cada semana.[8] Com períodos de pelo menos dez minutos. Os exercícios de fortalecimento muscular, com pesos ou usando o peso do corpo, devem ser realizados pelo menos duas vezes por semana, usando cerca de dez repetições. A OMS também nos encoraja a aumentar o número de minutos dedicados ou de repetições para obter mais benefícios à saúde.

Porém, antes de nos lançarmos em um regime rigoroso de aptidão física do tipo preparação para as Olimpíadas, é importante avaliar nossas limitações e capacidades. Caso tenhamos uma condição médica ou algum problema de saúde, seria prudente se consultar com um médico para considerar nossas capacidades e fazer os ajustes apropriados.

Exercício e aptidão física representam uma parte crucial de nosso equilíbrio entre trabalho e vida pessoal, portanto precisam ser programados rotineiramente em nossa semana. Ainda mais importante, devem proporcionar diversão. Precisamos desfrutar, ansiar por eles e colher os benefícios dessa rotina. O como alcançaremos isso depende de nós.

O gráfico da Tabela 5.2 dá uma ideia do que constitui o exercício aeróbico de "intensidade moderada" ou "alta intensidade". O importante é aumentar o batimento cardíaco e acelerar o ritmo da respiração.

Além dos ganhos físicos, mesmo o exercício de intensidade moderada pode trazer benefícios positivos à saúde mental, incluindo funcionamento mental (velocidade e atenção), melhoria do humor e aumento dos níveis de energia.

Vários dos exemplos na tabela nos dão a oportunidade de interagir com outras pessoas e construir uma camaradagem, especialmente quando praticamos exercícios de grupo. Isso não só proporciona uma dimensão social adicional e útil, como também pode ser mais provável que realizemos a atividade porque não gostamos de desapontar as pessoas.

Como você pode incorporar o exercício físico em sua rotina? Todos dizemos que não temos tempo, mas na maioria das vezes trata-se de criar o tempo e se manter firme nisso. Pode ser preciso ajustar nosso horário, mas os benefícios superarão quaisquer sacrifícios. Se você passa as noites sentado em frente à televisão, que tal ir para a cama um pouco mais cedo, programar seu alarme uma hora antes do habitual e começar o dia com seu plano de exercícios? Pode ser uma caminhada rápida, nadar alguns metros na piscina ou uma ida à academia. Isso o ajudará a acordar, você se sentirá revigorado e sua mente estará alerta mais rapidamente.

Tabela 5.2 Atividades de exercício

Intensidade moderada	Alta intensidade
Nado em ritmo natural	Nado rápido
Caminhada acelerada	Jogging ou corrida

Intensidade moderada	Alta intensidade
Ciclismo em ritmo moderado	Ciclismo em ritmo rápido ou em planos inclinados
Caminhada ou escalada	Futebol ou rúgbi
Basquete ou vôlei	Hóquei ou lacrosse
Atividades domésticas como aspirar ou cortar grama	Aeróbica, ginástica ou spinning
Dançar ou pular corda	Tênis
Yoga	Badminton
Pilates ou Tai Chi	Squash

Outra opção seriam os fins de semana, que oferecem tempo e espaço. Talvez reunir a família ou os amigos para uma trilha, uma caminhada ou uma pedalada no parque.

Caso você não se exercite o suficiente no momento, desafio-o a escolher uma atividade que considere a melhor e a programe ao longo de duas semanas. Garanto que, após esse período, substituirá a atividade por algo que prefira ou ficará entusiasmado e tentará sustentar o progresso. Quanto mais fizermos isso, mais experimentaremos os muitos benefícios para a saúde física e mental que o condicionamento e o exercício físico podem gerar.

Nutrição e dieta

É difícil resumir um guia abrangente de dieta e nutrição que seja adequado para a maioria de nós e para nossas necessidades corporais, ao mesmo tempo que atenda às diferenças individuais e aos requisitos de saúde. Para este tópico, vou me concentrar na nutrição e na dieta que pode impactar nosso humor e nossa saúde mental.

Como este capítulo mistura bem-estar psicológico com bem-estar físico, as seguintes orientações para nutrição e dieta vêm da instituição de caridade britânica de saúde mental, Mind:

Se a quantidade de açúcar no seu sangue cair, você pode se sentir cansado, irritável e deprimido. Comer regularmente e escolher alimentos que liberem energia aos poucos ajudará a manter os níveis de açúcar estáveis. Se você não beber líquido suficiente, poderá ter dificuldade para se concentrar ou pensar com clareza. Vegetais e frutas contêm muitos dos minerais, das vitaminas e das fibras que precisamos para nos manter física e mentalmente saudáveis.

Seu sistema digestivo pode refletir como você está se sentindo emocionalmente. Se estiver estressado ou ansioso, pode ter sua digestão retardada ou acelerada. Para uma digestão saudável, você precisa ingerir bastante fibra, fluido, e praticar exercícios regularmente. A proteína contém aminoácidos, que compõem os produtos químicos de que o cérebro precisa para regular pensamentos e sentimentos. Ela também ajuda a mantê-lo satisfeito por mais tempo.

A cafeína é um estimulante, o que lhe dá uma rápida explosão de energia, mas depois pode fazê-lo se sentir ansioso e deprimido, atrapalhar seu sono (especialmente se ingeri-la antes de dormir) ou causar sintomas de abstinência, se você parar de consumi-la subitamente. Seu cérebro precisa de ácidos graxos (como ômega-3 e 6) para funcionar bem. Portanto, em vez de evitar todas as gorduras, é importante comer as gorduras certas.

FONTE ©Mind. Essas informações estão publicadas na íntegra em www.mind.org.uk

Forbes

Quando encontrei Forbes para nossa primeira consulta, como faço com todos os meus clientes, ofereci um café/água/chá e o conduzi até a área da cozinha. Gosto de capacitá-los a fazer o que querem da maneira que lhes convém. Observá-lo acrescentar três colheres bem cheias de café instantâneo com mãos levemente trêmulas me apresentou uma constatação imediata que guardei para uma conversa relevante. Ele disse que estava estressado no trabalho e, como esperado, falou de suas dez xícaras de café por dia, além das Coca-Colas, como seu modo de lidar com o estresse. Quando exploramos se isso estava de fato exacerbando sua situação, ele se propôs a reduzir a cafeína de maneira controlada, em combinação com várias ações de gerenciamento de estresse. Ele voltou para uma consulta de acompanhamento mais tranquilo, calmo e controlado, embora ainda grato por um café.

Às vezes, só precisamos ter um pouco mais de informação sobre o que estamos colocando em nosso corpo. Acho o *Guia se alimente bem* do NHS da Inglaterra (Figura 5.3) útil.

O que consumimos terá um impacto significativo sobre nossa energia, nosso humor e funcionamento cognitivo. Quanto mais saudavelmente pudermos alimentar essa nossa máquina que é o corpo humano, mais capazes seremos de lidar e administrar as exigências que nos são impostas em nossa casa e em nossa vida profissional.

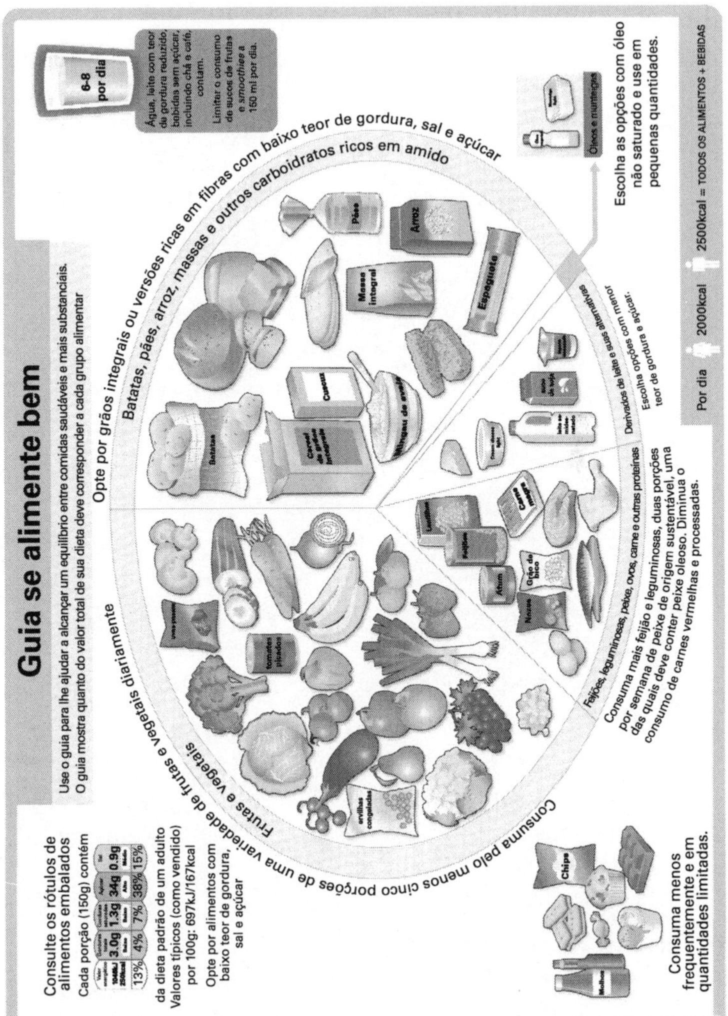

Figura 5.3 Guia se alimente bem

FONTE Public Health England em associação com Welsh Government, Food Standards Scotland e Food Standards Agency in Northern Ireland. Reprodução sob Crown Copyright 2015/Open Government Licence V3.0.

Se as dicas de estratégia de sono a seguir não fizerem diferença suficiente ou se os episódios de insônia não forem temporários, pode valer a pena verificar com seu médico ou profissional de saúde a possibilidade de você ter alguma condição médica latente.

Sono

A sabedoria popular sugere que precisamos dormir cerca de oito horas por noite, mas alguns funcionam perfeitamente bem com menos, enquanto outros precisam de mais. Bebês e crianças precisam dormir mais do que adultos acima de sessenta anos, por exemplo.

Dormir permite que nossa mente e nosso corpo descansem para que possamos despertar renovados e revigorados. Pelo menos, esse é o plano. Muitos de nós, no entanto, temos dificuldade em manter um padrão de sono regular ou descobrimos que as tensões do dia invadem e infiltram nossa capacidade de dormir tranquilamente. Se não caímos no sono rapidamente, começamos a pensar no fato de que não estamos conseguindo dormir. Isso gera ansiedade, o que acelera o pulso e o ritmo cardíaco, o que nos mantém acordados por ainda mais tempo. Um ciclo vicioso. A insônia pode parecer uma maldição e, ainda assim, pode nos dar uma indicação clara de que as coisas não estão bem.

O sono é uma necessidade funcional e faz parte de nosso equilíbrio físico e mental entre trabalho e vida pessoal. Se descansarmos bem, teremos energia para administrar nossa rotina. Se não o fizermos, nos sentiremos lentos e letárgicos, e estaremos mais propensos a apresentar desempenho reduzido, capacidade de concentração diminuída ou nos tornarmos mais suscetíveis a acidentes e erros.

Se as dicas de estratégia de sono a seguir não fizerem diferença suficiente ou se os episódios de insônia não forem temporários, pode valer a pena verificar com seu médico ou profissional de saúde a possibilidade de você ter alguma condição médica latente.

Ação de equilíbrio trabalho-vida pessoal

Estratégia para o sono

Cafeína	Evite o consumo de cafeína à noite, de preferência parando no meio da tarde.
Relaxe	Prepare-se para dormir com uma redução de atividade e de estímulos.
Exercício	Mantenha uma rotina de exercícios regulares — ver recomendações de exercícios anteriores.
Jantar	Programe o jantar para mais cedo para que seu corpo tenha tempo de digerir antes de dormir.
Álcool	Evite o consumo de álcool, pois isso pode interferir nos padrões de sono.
Atenção	Experimente uma breve meditação guiada antes de dormir ou quando já estiver deitado para ajudar a relaxar.
Respiração	Adote o exercício de respiração 4/6/8 — inspire por 4 segundos, segure o ar em seus pulmões por 6 e expire por 8.
Rotina	Mantenha um padrão regular para manter o ciclo de sono.
Luz azul	Evite exposição à "luz azul" algumas horas antes de dormir, ou seja, tablets/iPads, smartphones etc.
Preocupações	Suspenda qualquer preocupação ao colocá-las no papel e deixá-las de lado até de manhã.
Cochilos	Evite cochilos durante o dia para que sinta sono à noite.
Ambiente	Crie o conforto, a temperatura, a escuridão e a quietude adequados.
Higiene	Tome um banho ou ducha para relaxar e limpar o corpo e a mente.
TV	Grave e assista à TV no início da noite, em vez usar sua hora de dormir para isso.

Você saberá por experiência própria que, se tiver descansado bem, estará "na frequência ideal" para seu trabalho, com energia suficiente para voltar para casa no fim do dia e fazer o que precisa fazer. Algumas pessoas dizem que não têm disposição pela manhã para legitimar as tendências de ficar acordado até mais tarde. Entretanto, ainda não encontrei nenhuma evidência plausível sugerindo que isso não possa ser reajustado para que possamos nos adaptar a uma rotina de sono que comece mais cedo e nos dê o descanso merecido.

Se você está lendo este livro como uma estratégia de tranquilidade e relaxamento na cama à noite... Espero que durma bem.

Estratégia "dar um jeito na vida": bem-estar físico e psicológico

O sistema da tabela a seguir aplica-se a cada tópico discutido neste capítulo e baseia-se em sua percepção pessoal sobre a presença de uma deficiência, um desequilíbrio ou uma necessidade... ou não.

Todos são diferentes. Portanto, não há certo ou errado, simplesmente, considere as lacunas que existem em você.

A pontuação usa um índice percentual para autoavaliação de 0-100%, com 0% referente a necessidades totalmente *não atendidas* e 100% equivalente a necessidades totalmente *atendidas*. Some os totais percentuais e divida-os pelo número de tópicos, para verificar a porcentagem total deste capítulo. Ao fim do livro, você terá um total percentual para cada capítulo, dando-lhe espaço para considerar onde precisa priorizar a ação.

Se algum tópico for irrelevante para você, ignore-o e reduza o número de tópicos que dividirá.

	Tópicos	Porcentagem de necessidades atendidas atualmente %
1	Gestão do estresse	
2	Pensamento positivo	
3	Serenidade	
4	Resiliência	
5	Felicidade	
6	Saúde mental	
7	Exercícios físicos	
8	Dieta e nutrição	
9	Sono	
Pontuação total para o Capítulo 5 (de 900%): "Bem-estar físico e psicológico"		
Divida essa pontuação total por 9		
Pontuação percentual total (de 100%) para o Capítulo 5		

Para visualizar melhor, trace um ponto no diagrama do radar (Figura 5.4) com a mesma escala percentual: 0% para necessidades totalmente não atendidas até 100% para necessidades totalmente atendidas. Você pode, então, unir os pontos para formar um radar de auditoria de necessidades. Esse método lhe dá uma pista visual que ajudará a identificar as lacunas em suas necessidades.

Figura 5.4 Bem-estar físico e psicológico

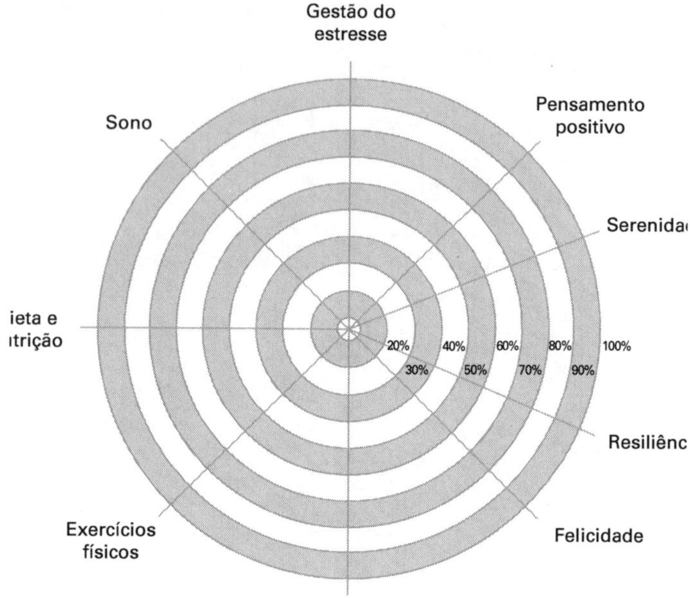

Este capítulo sobre bem-estar físico e psicológico tem se concentrado no que nos torna seres humanos bem ajustados e plenamente funcionais, integrando o bem-estar do corpo e mente. Se ignorarmos isso, não conseguiremos criar um equilíbrio bem-sucedido entre trabalho e vida pessoal. Esse é um precursor para nos dar a estrutura na qual todo o resto flui e nos permite administrar melhor o estresse e nos tornar mais resilientes.

O próximo capítulo cobre uma série de fatores práticos para lhe dar as ferramentas de base e o ambiente ideal para maximizar seu equilíbrio entre trabalho e vida pessoal. Nesse último capítulo, também concluiremos o sistema de pontuação de equilíbrio entre trabalho e vida pessoal para que você possa integrar as pontuações de todos os capítulos anteriores. Nesse resumo de pontuação, você terá a melhor imagem até agora de seu atual equilíbrio entre a vida no trabalho e fora dele, onde existem lacunas e onde a ação é necessária. Daí por diante, é com você.

06

Fatores práticos

Neste capítulo, vamos nos concentrar em alguns dos fatores práticos do equilíbrio entre trabalho e vida pessoal que falam sobre o estar em casa, seja para descanso e relaxamento, seja para alguma forma de trabalho.

Ambiente doméstico

Todos queremos transformar o lugar onde vivemos em um lar. Mas o que isso realmente significa? Um lar oferece refúgio e conforto, segurança e proteção, um sentimento de pertencimento e amparo. Nós nos tornamos emocionalmente ligados à nossa casa porque ela pode refletir muito de nossa personalidade e características. Ela representa uma enorme parte de nosso equilíbrio entre trabalho e vida pessoal, pois é nosso lugar "de parada" para relaxar e obter uma pausa das exigências da vida profissional.

Havia um programa da ITV no Reino Unido, originário do fim dos anos 1980, chamado *Through the Keyhole*. Nesse programa, um apresentador bisbilhotava a casa de uma celebridade e os concorrentes tentavam adivinhar o nome do dono da casa. Quadros, ornamentos, móveis e decorações construíam o perfil e a personalidade da celebridade.

Se a equipe de TV fosse à sua casa, como o apresentador poderia descrevê-la e o que entenderiam de você a partir dela? O que é mais importante, o que sua casa poderia dizer sobre seu equilíbrio entre trabalho e vida pessoal?!

Não estou sugerindo que mantenha sua casa como se pertencesse a um catálogo de decoração, só para o caso de uma equipe de filmagem aparecer, mas é importante considerar o efeito que nossos espaços têm sobre nós. Que tipo de clima ou ambiente eles transmitem? Como nos fazem sentir? Buscamos paz e relaxamento, um senso de família e conexão, ou uma vibração e elegância da vida moderna?

Para algumas pessoas, um senso de ordem e a limpeza são importantes. Outras gostam de uma forma de "caos controlado". Já vi isso de forma mais marcante em galpões e garagens onde ferramentas e equipamentos de jardinagem são armazenados. Admiro-me com aqueles que tinham tudo em seu devido lugar: máscaras e ganchos para ferramentas nas paredes, ferramentas de jardinagem em um compartimento organizado, caixas de ferramentas bem empilhadas e prateleiras de ferragens bem ordenadas. Por outro lado, já vi outros que parecem ser as ruínas de uma batalha medieval, cujos donos passam mais tempo tentando encontrar algo do que usando-o.

Limpeza e arrumação são assuntos pessoais. Não cabe a mim aconselhar a respeito, apenas encorajar a refletir sobre como sua atitude e abordagem o afetam e, em particular, o efeito em seu equilíbrio entre trabalho e vida pessoal. Quando você volta para casa depois de um longo dia de trabalho, como a limpeza e a ordem o afetam? Pode não importar; talvez você se sinta aliviado somente por estar em casa, qualquer que seja o estado em que ela se encontre.

Quer se trate de sua mesa de trabalho, quer de sua casa, manter a ordem e a estrutura transmite ou estimula a mente e uma abordagem ordenada e estruturada? Algumas pessoas têm uma aversão à "desordem" em seu ambiente físico, já que influencia seu estado mental. A organização de sua casa melhoraria como você se sente em relação a ela? Existe uma tradição de fazer uma "limpeza de primavera" todos os anos, livrando-se de coisas das quais não precisamos ou que não servem para nada. Por que adiá-la até a primavera? A manutenção da ordem pode levar menos tempo se feita regularmente.

Que outras mudanças acessíveis você poderia valorizar e apreciar? Os toques visuais e a estética podem fazer uma grande diferença em nossas casas. Tanto a forma como ela é decorada quanto nossas escolhas de estofados e tapeçaria. Arte e imagens nas paredes refletem muito do que é importante para nós: paisagens deslumbrantes podem ilustrar nossa apreciação pela natureza, arte moderna pode demonstrar nosso lado criativo, retratos de família podem destacar uma afinidade com nossos entes queridos, cartazes de bandas de rock podem refletir nosso amor pela música ou nossa rebelião interior.

Do lado de fora, o jardim, se o tivermos, pode representar uma extensão adicional de nosso oásis. A época do ano pode determinar o que podemos fazer em termos de plantio ou poda, mas há possibilidades infinitas para o que pode ser criado. Os jardins, as plantas e a vegetação representam uma entidade viva e respirável para as casas de muitas pessoas.

Convivência

Embora hoje haja mais pessoas vivendo sozinhas do que em qualquer outro momento, muitos vivem com parceiros, família ou amigos. Todos queremos que nossa casa seja aconchegante, mas quando há outros a considerar, somos confrontados com necessidades e desejos diferentes e conflitantes. Quantas vezes já ficamos aborrecidos ou irritados com comportamentos e atitudes das pessoas com as quais vivemos? É aqui que entram em jogo a concessão e a negociação.

Consigo até ouvir os ecos das famosas frases: "feche a porta", "tire os sapatos no corredor", "pegue suas roupas", "esses pratos não se lavam sozinhos", "alguém poderia, por favor, substituir o rolo de papel higiênico quando ele acabar?", e assim por diante. Com crianças, pode ser um debate constante, combatendo a necessidade de ordem contra a apatia ou a rebeldia da juventude. Mesmo com parceiros ou companheiros de casa, é improvável que compartilhemos hábitos de vida idênticos. Isso pode afetar nosso senso de conforto e calma, perturbando rotinas das quais precisamos para orquestrar nosso equilíbrio entre a vida pessoal e profissional.

Minha tia

Quando eu era jovem, lembro-me de minha tia explicando que, nas primeiras etapas do casamento com meu tio, a abordagem dele da vida doméstica era péssima, pelo menos a seu ver. Com seu comportamento manso e humilde, sorrindo sobre sua xícara de chá e seus biscoitinhos, ela refletiu sobre a necessidade de reeducá-lo, explicando as coisas racionais e pragmáticas que ele parecia não levar em consideração. O leite estragaria mais rapidamente se não fosse colocado de volta na geladeira. Os alimentos que caíssem no chão, se não fossem recolhidos, atrairiam germes, insetos e ratos. As roupas usadas todos os dias tenderiam a cheirar mal depois de um tempo. Mesmo na inocência da juventude, eu suspeitava que a história de minha tia não fosse exatamente como ela descrevia e fosse, na verdade, uma sábia orientação para mim!

Quando nos sentimos nervosos e frustrados em casa, nosso equilíbrio entre trabalho e vida pessoal é afetado porque o lar perde a qualidade de santuário. A solução é poder falar sobre o que é importante para nós e, fundamentalmente, por quê.

Da mesma forma, mesmo que você esteja se mudando para um local remoto na Ilha de Skye, no litoral oeste da Escócia, sempre haverá vizinhos. Nosso relacionamento com eles pode influenciar o que sentimos sobre nossa experiência de viver em determinado local. Ter pessoas barulhentas ou desordeiras vivendo ao lado pode se tornar nossa realidade, e é importante tentar resolver essa situação, em vez de aceitá-la em silêncio. Talvez precisemos adotar uma abordagem "extra gentil" ou uma mais assertiva, e se a situação não se resolver, envolver a autoridade local ou a polícia. Se fazer algo não for uma opção (sobretudo por motivos de segurança pessoal), afastar-se pode ser a única decisão realista.

Mudança de casa

Embora esperemos que não seja por causa de maus vizinhos, a maioria de nós trocará de casa em algum momento da vida: para uma casa maior, menor ou mais próxima do trabalho. Para onde quer que vamos, trata-se de garantir que isso nos ofereça nosso equilíbrio entre trabalho e vida pessoal. Algumas pessoas dizem que você precisa viver em um lugar por um ano antes de saber o que precisa mudar na decoração ou no jardim. Outros se mudam e querem começar a decorar imediatamente. O que vai ajudar mais em seu equilíbrio?

A mudança de casa também inclui se adaptar a um novo bairro, onde encontrar comerciantes confiáveis, informar-se sobre lugares para fazer compras ou para entretenimento e, em geral, fazer as conexões necessárias para permitir que se integre e viva.

Sem dúvida, mudar de casa pode ser uma experiência estressante, especialmente se você estiver encaixotando as coisas de uma e transportando-as para a outra ao mesmo tempo que se preocupa com o contrato de financiamento e se ele será finalizado a tempo para que possa se mudar para o novo lugar. Pode ser prudente, se isso ainda não fizer parte de seus planos, tirar alguns dias de licença do trabalho antes, durante e depois, de modo que tenha tempo e energia suficientes para lidar com o transtorno. Mudar de casa pode ser estressante, mas também pode ser uma experiência extremamente empolgante e o início de um novo capítulo em nossa vida.

Seja um turista

Quer tenhamos acabado de nos mudar, quer tenhamos vivido em nossa casa por muito tempo, muitas vezes limitamos nosso tempo livre ao nosso entorno imediato. Como parte da construção de nossas experiências de vida e enriquecendo a parte doméstica de nosso equilíbrio entre trabalho e vida pessoal, pode ser muito divertido "dar uma de turista" e conhecer a área.

Quando eu vivia no centro da cidade de Edimburgo, era popular entre amigos e familiares que viam uma oportunidade de acomodação gratuita enquanto visitavam o local a negócios ou a lazer. Era sempre agradável hospedar e socializar, mas me dei conta de que muitos desses visitantes veriam mais da minha cidade do que eu. Isso me encorajou a sair mais e desfrutar das vistas e dos sons desse lugar maravilhoso que chamava de lar. Ironicamente, descobri muito mais com uma abordagem "turística" do que morando lá.

Conhecer a região ou o ambiente onde moramos ajuda a ampliar a essência do que se sente ao viver ali. Nossa casa é apenas um ponto no mapa comparado a tudo o que a área tem a oferecer; portanto, explorar as redondezas pode melhorar nossa conexão com o local onde vivemos. Vivendo em Aberdeenshire, na Escócia, tenho à minha porta a majestosa cadeia de montanhas Cairngorm de um lado, vilarejos pitorescos de pescadores até a costa, cerca de trezentos castelos e jardins pontilhados sobre a paisagem, juntamente com a infinidade de destilarias de uísque Speyside. Ainda estou tentando experimentar todos eles (com moderação, é claro).

Home office

Muitas organizações estão cientes da importância de manter um equilíbrio entre trabalho e vida pessoal e oferecem uma gama de acordos de trabalho flexíveis para apoiar essa visão, incluindo o home office. Elas entendem que pode funcionar para nós e remover o trajeto da equação. Do ponto de vista do equilíbrio entre trabalho e vida pessoal, pode fazer uma enorme diferença, particularmente se percorremos longas distâncias até o trabalho, se tivermos condições especiais de saúde ou que conciliar responsabilidades de levar e buscar os filhos na creche ou na escola. A primeira vez que trabalhei de casa para uma organização mantive o mesmo horário de trabalho, das nove às cinco da tarde, mas às cinco eu saía para uma caminhada de 45 minutos, que era o tempo que eu levaria para voltar para casa de carro.

As organizações podem se beneficiar reduzindo o espaço de escritório de que necessitam, sujeitando móveis e equipamentos a menos desgaste, reduzindo os custos das contas de energia elétrica e afins e diminuindo a pegada de carbono em geral, de modo que pode ser um cenário vantajoso para ambas as partes.

Pode parecer uma perspectiva tentadora abandonar o comportamento formal do local de trabalho para o ambiente mais relaxado de casa, mas nem sempre é tão fácil. É necessário planejamento, foco e organização, além de privacidade, recursos e espaço adequados.

Andy

Com seu trabalho na arquitetura de TI, Andy só precisava do computador para trabalhar; então, quando teve a oportunidade de trabalhar de casa, pulou a bordo. A experiência não foi exatamente como ele esperava. Limitado a um espaço de escritório minúsculo e restritivo, parecia haver um ruído constante do cortador de grama de um dos vizinhos, a irmã aparecia regularmente com os filhos sem avisar com antecedência e seu cão parecia latir para tudo, desde aranhas até o gato do vizinho. Em vez de oferecer um melhor equilíbrio entre trabalho e vida pessoal, essa situação criou um conflito entre os dois. Ele voltou a trabalhar do escritório após um mês. Andy precisava da atmosfera focada, dedicada e tranquila do local de trabalho para dar-lhe o ambiente físico e silencioso de que precisava para se concentrar e ser eficaz.

Uma frustração adicional que podemos experimentar ao trabalhar de casa é uma sensação de isolamento, tanto de nossos colegas de trabalho quanto de círculos sociais mais amplos. Isso nos faz perceber que a interação social constitui uma parte importante de nossa experiência de vida no trabalho — mesmo as chamadas telefônicas e videoconferências não têm o mesmo impacto de trabalhar no mesmo espaço físico. Podemos nos sentir um pouco esquecidos, em relação a atualizações oficiais ou apenas para reuniões informais. Como diz o ditado: "o que os olhos não veem, o coração não sente." Trabalhar de casa pode exigir que façamos um esforço maior para nos conectar com outras pessoas, além do que poderíamos exigir se estivéssemos no escritório.

Em um ambiente de escritório, pode ser mais fácil se lembrar de fazer pausas suficientes de nossas mesas e telas de computador. Essas pausas podem incluir se levantar, buscar uma bebida para manter a hidratação (embora café e chá sejam substitutos inadequados da água) ou esticar as pernas após um longo período sentados. Seja qual for o motivo, fazer breves intervalos ajuda a manter a concentração e o foco.

O outro lado disso pode ser que quando se trabalha de casa, quando é mais fácil se distrair porque não há ninguém para nos monitorar ou nos motivar. Podemos acabar fazendo mais intervalos para bebidas ou lanches do que o necessário, continuarmos com as tarefas domésticas, nos distrairmos com as mídias sociais, assistirmos à TV ou, como descobriu Finn, sermos flagrados em situações pessoais quando deveríamos estar trabalhando.

Finn

Trabalhei com Finn em uma carreira de coach em uma época na qual ele estava um pouco entediado no trabalho. Quando nos conhecemos, explicou-me que um dispositivo em seu computador tinha um programa para a empresa monitorar sua atividade — algo que todos os colegas que trabalhavam em casa tinham. Se ele digitasse no teclado ou movesse o mouse, seu monitor de atividades mostraria a cor verde. Após quinze minutos de inatividade, ficaria vermelho. Ele orgulhosamente revelou que havia encontrado uma forma de ajudar um pouco o lado "pessoal" de seu equilíbrio entre trabalho e vida pessoal ao puxar um cabo de extensão elétrica para que pudesse conectar seu laptop do quintal e apoiar o mouse sobre o braço de sua espreguiçadeira, empurrando-o a intervalos periódicos enquanto relaxava ao sol.

Essa solução funcionou até o dia em que lembrou, de última hora, que tinha uma videoconferência com membros da diretoria de um cliente. Ele rapidamente colocou uma camisa e uma gravata para a ocasião (ciente de que era tudo o que seus telespectadores veriam) e ligou o laptop de seu escritório em casa. Durante a conferência, foi solicitado que ele fornecesse algumas estatísticas. Lembrou que o documento do qual precisava estava no armário atrás dele e foi buscá-lo, esquecendo que estava usando shorts estampados, até ouvir as gargalhadas do outro lado da tela. Seu chefe ficou sabendo e ele foi devidamente repreendido.

Embora alguns possam ter a oportunidade de trabalhar de casa como parte de um acordo flexível, isso não se aplica a todos. O único aspecto do equilíbrio entre trabalho e vida pessoal que pode afetar a todos nós é a tentação de levar trabalho para casa. É sua decisão fazê-lo, mas lembre-se da importância de seu tempo livre para seu equilíbrio entre vida no trabalho e vida pessoal.

Gerenciamento do próprio negócio

Quer esteja começando em sua garagem, quer dentro de novas e luxuosas instalações, abrir um negócio pode ser uma empreitada extremamente demorada e complexa. Há toda a burocracia, como registrar o negócio junto às autoridades fiscais, lidar com bancos e seguradoras, gerenciar as contas, e tudo isso enquanto determina o produto ou serviço e procura seus clientes.

Se você está começando do zero, é provável que já tenha trabalhado para outra pessoa antes, e terá algumas questões significativas a considerar. Tem capital em mãos? É o momento certo para tomar essa iniciativa? Compreende as necessidades e comportamentos de seus clientes o suficiente? Seu produto ou serviço é viável? Muitas perguntas. Muito estresse potencial. Mas depois de tudo pronto pode ser uma experiência extremamente gratificante.

No início dos anos 2000, tive a sorte de ter comprado um pequeno imóvel no momento em que o mercado decolou e o vendi em anos, obtendo um lucro, após impostos e taxas, de cerca de vinte mil libras. Eu tinha essa ideia havia muito tempo para a criação de um negócio on-line, baseado em atividades de redes sociais. A ideia seria encontrar promotores entusiasmados para até cinquenta atividades esportivas, *hobbies* e exercícios ao ar livre. Eles construiriam suas comunidades e usariam o fórum on-line para incentivar o envolvimento dos participantes, criar comunidades e organizar eventos por todo o Reino Unido. Meu orçamento era de vinte mil libras, incluindo o que eu precisava para viver, pagar contas, alimentar-me e assim por diante. Trabalhei na ideia cerca de doze horas por dia, quase sete dias por semana, durante um ano. A empreitada meio que deu certo, gerando uma comunidade animada para várias atividades, mas não o suficiente para se sustentar financeiramente. Eu tinha atingido meu limite de investimento; então, para evitar me endividar com evidências limitadas de que o empreendimento funcionaria, desisti e fechei o negócio. Os céticos haviam me avisado de que esse tipo de empresa de redes sociais on-line nunca teria sucesso.

Vários meses depois, no início de 2004, recebi o choque da minha vida, quando o Facebook foi lançado. O conceito era muito semelhante ao do meu empreendimento em termos de funcionalidade e foco. Que pena! Às vezes você ganha, às vezes perde. Eu era um microempresário, e talvez devesse ter considerado a possibilidade de buscar investimentos externos.

A despeito de isso ter funcionado, meu equilíbrio entre trabalho e vida pessoal era horrível e insustentável. Infelizmente, porém, isso não é novidade para muitas pessoas que estão começando os próprios negócios, pois as exigências de um empresário podem distorcer o equilíbrio. Torna-se uma escolha de estilo de vida, e, muitas vezes, a sensação é muito mais pessoal: você é o chefe, e o sucesso ou o fracasso pode parecer que depende apenas de você. Não há apenas o investimento financeiro, mas seu próprio sangue, suor e lágrimas por dedicar seu tempo e trabalhar duro. Você não tem renda quando está doente ou de férias, e não há nenhuma contribuição do empregador para um plano de pensão. O mesmo se aplica se dirige um negócio familiar que pode ter sido parte da família por gerações. Se as coisas funcionarem bem, você colhe as recompensas. Se não funcionarem, sofrerá as consequências. Um envolvimento tão intenso pode ser prejudicial ao equilíbrio.

Se você administra uma pequena empresa, onde o equilíbrio entre trabalho e vida pessoal se encaixa? Talvez a tenha lançado para criar um equilíbrio mais bem-sucedido entre trabalho e vida pessoal porque ele não existia antes. Isso se tornou uma realidade?

Dirigir o próprio negócio significa ser o próprio chefe. Portanto, em teoria, você tem um potencial para determinar, mapear e programar seu equilíbrio entre trabalho e vida pessoal. Mas ainda precisa tomar conta de si mesmo. Sua saúde e bem-estar continuam sendo tão importantes quanto se estivesse trabalhando em outro lugar, para outra pessoa.

Janine

Depois de receber um investimento de herança, Janine decidiu comprar instalações comerciais na periferia de uma cidade movimentada e montar um empreendimento de terapia holística. Ela alugou salas para terapeutas, quiropodistas, osteopatas, massagistas, praticantes de acupuntura e herboristas. Inicialmente, trabalhava como coach, mas depois de refletir sobre o próprio equilíbrio entre trabalho e vida pessoal, percebeu que queria estar mais envolvida na gestão do empreendimento e na promoção dos profissionais holísticos. Quando ficou sabendo que sua massagista era uma instrutora qualificada de Tai Chi, uma ideia se formou. Das 8h às 8h45 da manhã, todos os dias, ela abria a sala de reunião e oferecia aulas de Tai Chi grátis aos profissionais. Embora isso tenha dado a Janine a oportunidade de embutir em sua rotina um "tempo pessoal" como parte de seu equilíbrio entre trabalho e vida pessoal, também teve o benefício não intencional de promover a criação de um elo entre os profissionais holísticos, a maioria dos quais operava em seus espaços isolados. A prática provou ser tão popular que, pelo que sei, funciona até hoje.

Um pequeno investimento de Janine compensou o próprio bem-estar e ajudou os outros ao mesmo tempo. Ela também encontrou uma maneira de unir seus profissionais locatários e criar uma comunidade onde não existia. Quando se trabalha sozinho ou para si mesmo, podemos viver bastante isolados.

Dinheiro e finanças

Não podemos fugir do fato de que precisamos de dinheiro para sobreviver. A grande maioria o consegue trabalhando para ganhar uma renda. Alcançamos estabilidade financeira se ganharmos mais do que gastamos. Os problemas surgem quando a quantidade de dinheiro que sai é maior do que a que entra e começamos a ter dificuldade para fazer com que nossas finanças se equilibrem. Problemas financeiros podem ser uma enorme fonte de estresse. Podem começar a sabotar nosso equilíbrio entre trabalho e vida pessoal, especialmente se nos sentirmos compelidos a assumir trabalhos adicionais para garantir o sustento ou se nos endividarmos. Uma vez endividados, somos capturados pela armadilha dos juros, que acrescentam encargos às prestações, fazendo com que levemos mais tempo para liquidar nossas dívidas.

Se você estiver endividado ou em dificuldades, consulte a seção Recursos, no Apêndice, que lhe oferecerá algumas fontes independentes de aconselhamento, ajuda e orientação. Não sou especialista em gerenciamento de dívidas, portanto aqui me curvarei perante aqueles que têm tais habilidades.

Faça outra leitura do tópico do capítulo anterior sobre necessidades e desejos e ficará evidente que muitas vezes temos dificuldade para entender a diferença. A maioria precisa de muito menos do que imagina. Talvez nos encontremos maravilhados diante de uma tela de projeção gigantesca montada na parede de uma loja de eletrodomésticos, mas talvez uma TV de 45 polegadas seja perfeitamente suficiente e nos poupe muito no processo. Uma TV com tecnologia de última geração pode melhorar a experiência televisiva. No entanto se vier ao custo de outra coisa da qual realmente precisamos ou ficarmos presos a um plano de pagamento de juros altos, onde está a graça nisso?

Inteligência financeira é um termo que utilizo para estimular a gestão pessoal do dinheiro com o qual todos temos responsabilidade. É nossa escolha se usamos o financiamento na forma de cartões de crédito que podem oferecer proteção de pagamento em algumas situações se algo der errado com a compra de seu produto ou serviço. Verifique com sua empresa de cartão de crédito para entender o que eles oferecem e como, pois pode haver limitações, termos e condições. Se você usa cartões de crédito, certifique-se de pagar o saldo total a cada mês, para não ser penalizado com taxas de juros. Se não pode pagar por alguma coisa, não compre.

Poucos conhecem ou entendem a fluidez financeira, o que significa que não temos certeza de quanto dinheiro temos na conta bancária até recebermos nosso extrato ou sermos pagos.

Paola

Quando conheci Paola, ela reclamou de estresse e desânimo no trabalho. Ao investigarmos mais a fundo, descobrimos que ela saía para se divertir com os amigos quase todas as noites como forma de lidar com o estresse no emprego, do qual me disse que não gostava. Essa frustração se centrava em como se sentia mal remunerada e, portanto, desvalorizada. Grande parte de sua renda disponível era gasta em socialização, o que aumentava suas preocupações financeiras. Desafiei-a a dar uma pausa nas atividades de socialização por duas semanas e, em vez disso, manter contato com amigos e familiares por telefone (ela tinha minutos gratuitos ilimitados no celular). Quando voltou um mês depois para me ver, refletiu sobre quanto dinheiro havia economizado durante aquelas semanas. Propôs-se a reduzir significativamente a frequência de suas atividades de socialização para fins de semana e um dia no meio da semana, acreditando que ainda poderia economizar todos os meses. Paola percebeu que era sua própria gestão financeira pessoal que havia causado suas preocupações; ela era paga o suficiente pelo que fazia e gostava do trabalho. Com a perspectiva renovada, agora tinha escolhas.

Quer monitoremos nossas despesas mensais ou não, a declaração fiscal a cada ano nos dá um quadro muito maior.

Uma forma simples e eficaz de manter o controle de nossas finanças é adquirir o hábito de completar um planejamento de orçamento mensal. Há algumas excelentes versões on-line gratuitas disponíveis e links para elas no Apêndice.

Um exemplo de planejamento de orçamento mensal pode ser encontrado na Tabela 6.1.

Ação de equilíbrio trabalho-vida pessoal

Planejamento de orçamento

O simples planejamento na Tabela 6.1 fornece um resumo rápido, mas pode não incluir todas as suas receitas e despesas. Considere a possibilidade de estendê-lo de acordo com a própria situação e necessidades.

Tabela 6.1 Planejamento orçamentário mensal

Mês:	**Renda**	**Gastos**	**Balanço**
Renda			
Financiamento da casa/ aluguel			
Seguros			
Impostos (IPTU/IPVA etc.)			
Pagamento de empréstimos			
Gás, água, eletricidade			
Telefone, TV, internet			
Gastos emergenciais			
Combustível para automóveis			
Reparos de automóveis			
Compras de mercado			
Bebidas/lanches			
Comer fora/socializar			
Vestuário			
Custos familiares			
Reparos domésticos			
Pequenas viagens			
Reserva de Natal			
Despesas médicas/ odontológicas			
Diversos			
	Total: R$	Total: R$	
	Isto: R$	**Menos isto: R$**	**Sobra isto: R$**

Para aconselhamento e orientação específicos, considere encontrar um consultor financeiro independente que poderá avaliar melhor sua situação financeira específica. O mesmo se aplica se você precisa de aconselhamento sobre financiamento da casa e pensões.

Embora este tópico incentive a prudência financeira e a devida diligência, incluindo economizar sempre que puder, como parte do equilíbrio entre trabalho e vida pessoal, é importante ter uma vida. Já conheci pessoas que se tornaram tão obcecadas em economizar que não saíam nem aproveitavam a vida. Trata-se de obter o equilíbrio certo: economizar o que se pode, quando se pode, mas também usar sua renda obtida com esforço para obter bons resultados e aproveitar os frutos de seu trabalho.

Tecnologia da informação e comunicação

Vivemos em uma era de TI e comunicação que, mesmo presente apenas durante os últimos vinte anos, transformou a forma como vivemos. Escolhas e opções têm se multiplicado, dando-nos o poder para decidir o que usamos e como nos comunicamos com aqueles que têm impacto em nossa vida. Naturalmente, também nos apresentou um novo conjunto de dificuldades, desafios e problemas.

Tecnologia da informação (TI)

O que faríamos sem computadores e smartphones? Poucos trabalhos de escritório não envolvem alguma forma de TI. Mesmo em casa, pode haver computadores ou tablets. Graças a essa tecnologia, inúmeras tarefas se tornaram mais fáceis e rápidas de gerenciar. A internet nos dá uma resposta a qualquer pergunta (embora, na minha opinião, nada supere a procura de uma palavra em um dicionário de papel ou o debate em uma conversa cara a cara). Nossos maiores desafios parecem ser manter a proficiência e a habilidade de TI suficientes para operar as máquinas, enquanto gerenciamos a raiva quando as coisas não funcionam ou não fazem o que devem fazer.

Quando tudo funciona, a TI moderna pode ajudar nosso equilíbrio entre trabalho e vida pessoal, permitindo-nos trabalhar com mais eficiência; podemos fazer mais em menos tempo. Isso leva a uma expectativa de concretização. Como confiamos tanto na TI, quando as coisas não funcionam, nosso mundo parece que vai desabar. Precisamos estar preparados para a possibilidade de panes, lentidão ou colapso da TI, para que a panela de pressão metafórica não exploda.

As organizações podem deduzir que, por causa dos recursos de TI, estamos disponíveis 24 horas por dia, sete dias por semana. É importante lembrar, porém, que nossos computadores têm três funções-chave: "suspender", "desligar" e "reiniciar". Elas parecem oferecer uma sugestão paralela ao nosso equilíbrio entre trabalho e vida pessoal. Há um tempo e um lugar para "reiniciar" o dia, de preferência depois de termos tido um tempo para dormir precedido por um "desligamento" completo do trabalho. Mas será que sempre conseguimos isso?

Quando estamos no trabalho, em geral há um departamento de TI para fornecer e manter as ferramentas que usamos funcionando. Em casa é uma questão diferente: somos apenas nós e talvez alguns tutoriais na internet. É normalmente quando acabamos de passar algum tempo em uma tarefa complicada que nosso computador decide travar. O que pode nos levar a criticar a nós mesmos por não termos feito um *back-up* durante um ano ou a gritar com o computador, prometendo fazê-lo diariamente no futuro se ele, por favor, voltar a funcionar.

Mesmo quando nosso computador funciona, podemos nos distrair com um processador desatualizado e de velocidade lenta. Como parte do meu equilíbrio entre trabalho e vida pessoal, levanto-me cada vez mais cedo para nadar ou treinar na academia local. Meu computador parece ser o oposto a mim, pois leva cada vez mais tempo para acordar. Está se comportando como um adolescente rebelde. Depois de apertar o botão "ligar", agora posso tirar o lixo, aspirar a casa e levar o cachorro para passear antes de completar a inicialização. Talvez seja, na verdade, um dispositivo muito inteligente que, sem querer, encoraja e promove meu melhor equilíbrio entre trabalho e vida pessoal. Minha lição aqui: compre o equipamento que você pode e que possibilitará que faça o trabalho necessário.

Muitas empresas dão atenção à ergonomia de nossas estações de trabalho, com cadeiras apropriadas e confortáveis, iluminação adequada e uma mesa de trabalho compatível com a finalidade. Em contraste, nossos espaços de TI em casa podem ser limitados à mesa da cozinha, sentados em cadeiras duras e apertando um mouse que fica travando nas migalhas das torradas do café da manhã. Nosso espaço de trabalho precisa ser adequado.

Há uma tendência crescente nas organizações a reduzir a burocracia, dando a todos laptops para reuniões. Isso é ótimo para o planeta, mas não tão bom para conexão e comunicação. Atualmente, o período antes do início das reuniões é caracterizado pelo silêncio, pois todos estão lendo as atas de reuniões anteriores, verificando e-mails ou buscando informações relevantes para apresentar. Que tal falar com a pessoa ao seu lado, perguntar como ela está, verificar o que está fazendo no momento ou o que está planejando para o fim de semana? Interaja e conecte-se. Seja humano.

A TI tem o grande potencial de ajudar nosso equilíbrio entre trabalho e vida pessoal, mas assim como um carro só funciona com um motorista, precisamos assumir o controle de como a usamos e interagimos com ela. Como mencionado no início deste tópico, um ponto de consideração é também saber quanto escolhemos confiar na TI. Quanto mais depositamos nossa confiança e fé nela, mais ela nos afeta quando algo dá errado.

Comunicações

Conectamo-nos com diferentes pessoas de diferentes maneiras, dependendo de um mecanismo de comunicação que funciona para nós, para as necessidades do momento e para nosso estilo de vida. Eu me comunico com meu sobrinho de dezessete anos por um aplicativo de mensagens instantâneas, com minha irmã de cinquenta pelo telefone (muitas vezes, é uma chamada curta), com minha mãe de oitenta por telefone fixo (muitas vezes, é uma chamada longa) e praticamente com todos no trabalho por e-mail. De vez em quando, posso até escrever uma carta para alguém, mas meu meio predominante de escrever, que é via teclado, significa que não consigo mais decifrar minha escrita. Escrevo cartões de Natal, de aniversário ou de condolências com as habilidades (e a velocidade) de um calígrafo iniciante.

Mic

Reclamando de estresse relacionado ao trabalho, Mic explicou que tinha um relacionamento indiferente com os colegas de trabalho. Eles pareciam receosos com ele e o tratavam com desconfiança e cautela. Tentamos desvendar o que estava acontecendo nessas relações ao reencenar conversas prévias. Não conseguimos descobrir nada com isso. E então, ao me enviar um e-mail para adiar o próximo encontro, percebi o laconismo e o estilo dominante do e-mail. Quando nos encontramos novamente, perguntei sobre o "estilo" de seus e-mails. O que veio à tona foi que ele considerava o e-mail uma forma rápida de comunicar fatos simples; nada mais, nada menos. Isso significava que não havia personalidade em seu estilo, e o que ele comunicava parecia exigente e autocrático. Eu conseguia imaginar como algumas pessoas poderiam interpretar mal e se ofender. Trabalhamos na adaptação de um estilo mais conciliatório e colaborativo, e Mic percebeu que poderia fazer isso sem muita dificuldade. Com o tempo, notou que seu estilo de comunicação em geral havia se tornado mais suave. Ele entendeu que o estilo de e-mail havia se transformado no modo como falava no trabalho. Mudar algo tão pequeno quanto o estilo de comunicação por e-mail suavizou e melhorou seus relacionamentos.

Iniciar qualquer novo emprego ou trabalhar com uma nova equipe, explicar nosso estilo de e-mail para aqueles que iremos contatar com frequência pode realmente ajudar. Algumas pessoas até se ofendem se não começarmos com uma saudação como "Oi, Rick" (por exemplo). Assim como na comunicação verbal, discutida no Capítulo 1, muito do modo como nossas mensagens são recebidas é determinado não pelo que dizemos, mas como o dizemos.

A maioria de nós já enviou um e-mail no calor do momento e depois lamentou. Infelizmente, ainda não há uma função para fazer um e-mail enviado desaparecer, e mesmo uma opção de "errata" tende a ter o efeito oposto e gerar maior intriga e escrutínio sobre o que está sendo revogado.

A lição é pensar bem antes de enviar. Uma vez enviado, não há volta. Não sabemos o que vai acontecer com o destinatário quando receber nossa comunicação. Talvez ele esteja estressado ou tenha algum problema em casa. Não podemos controlar como um destinatário pode se sentir, mas podemos assumir maior responsabilidade pela forma e pelo que enviamos por e-mail.

Como mencionado no tópico gerenciamento de tempo do Capítulo 4, muitas vezes temos a expectativa de que o e-mail e as mensagens de texto devem ser respondidos imediatamente. A mensagem de alerta toca em nosso telefone ou computador e nossa curiosidade imediata é despertada. No entanto, se todos respondêssemos de imediato a cada mensagem recebida, nunca conseguiríamos fazer nada. Seria um furacão de distração. Também é provável que isso teria um efeito prejudicial ao nosso equilíbrio entre a vida profissional e pessoal.

Não há nada tão perturbador ou irritante como ter uma conversa com alguém que, quando recebe um alerta no celular, opta por parar seu compromisso conosco e verificar a mensagem. A mensagem desconhecida pode permanecer na nossa mente — quem é? O que querem? No entanto, por que não suspender a necessidade de agir até que seja a hora certa? Talvez possamos desligar o alerta, exibir um pouco de autocontrole e escolher quando nos convém "verificar as mensagens".

Se você aceitar e aplicar apenas uma fonte de orientação neste livro para criar um equilíbrio bem-sucedido entre trabalho e vida pessoal, aloque períodos em que possa desligar seu e-mail e alertas de mensagem. Isso pode mudar sua vida. Por que não tentar?

Gestão das mídias sociais

Como fonte de informação e comunicação, as mídias sociais podem nos oferecer um maravilhoso leque de plataformas pelas quais podemos nos conectar e interagir com outros, discutindo notícias atuais ou compartilhando nossas experiências pessoais. Antigamente, vivíamos fazendo o que sempre fazemos, depois nos conectávamos com outras pessoas ou conversávamos ao telefone e compartilhávamos nossa experiência. Agora, podemos ver as experiências de outras pessoas instantaneamente, sem a necessidade de perguntar, inquirir ou mesmo nos encontrar. Por ironia, como mecanismo de comunicação, elas podem limitar e reduzir o desejo de contato físico com outros. Por que precisaríamos entrar em contato quando sabemos o que os outros estão fazendo e podemos "reagir" e fazer perguntas sobre isso na mesma hora?

Essas opções de "reação" de curtidas, emojis ou mensagens curtas formam respostas de comunicação secundárias que criam uma estranha expectativa de que o que comunicamos nessas plataformas precisa ser digno de uma resposta. Embora eu nunca vá entender por que há tantas fotografias de alimentos nas redes sociais. Há pouco tempo, um de meus amigos postou uma foto de seu dedo do pé peludo, destacando a necessidade de aparar a unha. Da próxima vez que eu o vir, vou lhe agradecer por essa bela imagem. É essa a contribuição das mídias sociais para o mundo?

Se não obtivermos alguma afirmação positiva, sentimo-nos ansiosos ou decepcionados. Já vi até postagens de pessoas indignadas e horrorizadas em algumas plataformas de mídia social quando seus aniversários não foram reconhecidos. Tornamo-nos necessitados e dependentes dos afagos psicológicos que a afirmação pelo contato nas mídias sociais oferece. Há o efeito Fomo (*fear of missing out*), também conhecido como "medo de ficar de fora". Se não estivermos envolvidos, ficamos ansiosos pela possibilidade de perder um compromisso, interação ou conversa importante.

Mesmo quando conseguimos reações, respostas e afirmações, as mídias sociais podem começar a governar e se intrometer em nossa vida, sabotando qualquer tentativa de um equilíbrio positivo entre trabalho e vida pessoal. Consigo lembrar de várias vezes que vi um casal ou família em uma refeição fora de casa e todos digitando em seus smartphones, acenando com a cabeça e sorrindo em interação com outros que não estão presentes, enquanto ignoram aqueles que estão. Qual é o objetivo de sair com alguém se vamos estar sempre em outro lugar?

Esteja presente, atento e aberto à experiência do aqui e agora.

Emily

Consultando-se comigo com queixas a respeito de seu desânimo, tornou-se evidente que Emily fora afetada por seu mundo nas redes sociais. Todos os outros pareciam estar se divertindo mais e interagindo com mais amigos do que ela. Além disso, estava começando a se comparar e se monitorar em termos de sua aparência e de como se vestia. Tudo isso criava expectativas ilusórias em relação a ela e para ela. Com uma mudança de percepção sutil, começou a perceber as vidas pré-fabricadas e embelezadas artificialmente que todos gostavam de apresentar nas redes sociais, bem como que, para todos, a realidade era bem diferente. Ela veio a se distanciar da falsidade e começou a desfrutar da autenticidade de seu mundo.

Em termos de equilíbrio, o lado "pessoal" do equilíbrio entre a vida profissional e a pessoal também exige que sejamos criteriosos sobre como utilizamos nosso tempo "livre", de modo que devemos moderar não apenas a quantidade de tempo que passamos engajados com mídias sociais, mas também quando o fazemos. Se estamos passando cada momento de lazer entretidos com mídias sociais, não estamos de fato vivendo nossa vida e tendo experiências enriquecedoras. A luz azul emitida por smartphones e tablets também pode ter impacto em nossa capacidade de dormir, de modo que o "bate-papo" noturno pode inibir o descanso que obtemos.

Ainda mais sério, tem havido um aumento do assédio virtual que pode ter um impacto devastador sobre as vítimas. A natureza pública e abrangente de tais abusos e o número de pessoas que podem ler comentários vingativos e rancorosos faz com que sejam muito mais visíveis. Todos temos responsabilidade pelo que dizemos, e como o dizemos, e isso se aplica tanto às mídias sociais quanto a qualquer outra forma de comunicação. Carreiras têm sido destruídas por mensagens mal pensadas, bem como por publicações deliberadamente vingativas. Os crimes de ódio e as acusações que os acompanham estão aumentando. Suicídios têm sido atribuídos ao impacto do assédio virtual e do abuso das mídias sociais.

Dito isso, as mídias sociais oferecem meios para conversar e se conectar com pessoas do mundo inteiro instantaneamente, construindo comunidades e amizades de maneiras nunca antes vista, graças a interesses compartilhados. Famílias separadas por longas distâncias podem se manter em contato com mais regularidade. Podemos enviar mensagens de apoio, encorajamento, amizade e, ser tratados com a mesma positividade em troca. Somos capazes de aprender mais sobre as experiências dos outros, abrir novas oportunidades e escolhas para nossa vida, e criar esse equilíbrio entre o trabalho e a vida pessoal.

Um desafio para o consumo de todas as mídias sociais é nos envolvermos com elas de forma necessária e suficiente, em vez de usá-las para alimentar nossa distração e procrastinação. Os aspectos sociais e de entretenimento de várias plataformas podem provocar e atormentar.

Outros sites de networking mais relacionados ao trabalho nos incentivam a compartilhar e publicar itens os quais acreditamos ser de interesse para nossa comunidade empresarial. Embora esse seja um recurso importante, será que temos tempo para digerir totalmente a profundidade e a amplitude do material?

Alguns se inscrevem em plataformas de mídias sociais com um propósito específico: participar de certas discussões ou divulgar o próprio negócio. Muitos criam um perfil em uma nova mídia social com o entusiasmo de um cachorro quando vê o dono, porém é preciso dedicação e motivação para postar regularmente e construir uma comunidade engajada. É verdade que alguns encontram "o caminho" e se agarram às oportunidades das mídias sociais, usando-as com grande resultado pessoal e profissional. Os blogueiros são particularmente bem-sucedidos em falar com suas comunidades, muitas vezes fazendo a ponte entre marcas e consumidores, ou dando voz àqueles que de outra forma não apreciados ou ouvidos.

As mídias sociais podem ser responsáveis pela redução dos contatos cara a cara que fazemos e aproveitamos com os outros, mas elas se tornaram um novo meio pelo qual nos comunicamos e conectamos uns com os outros. Trata-se de como a utilizamos para melhorar a qualidade de nossa vida e os relacionamentos que cultivamos e desenvolvemos. Como discutimos anteriormente, sobre o autocontrole e o atraso da gratificação, uma gestão prudente e considerada do que consumimos pode nos permitir desfrutar e colher os benefícios da dosagem correta para nós, e isso é tão verdadeiro para as mídias sociais quanto para qualquer outra coisa.

Encontre a medida certa, e as mídias sociais podem beneficiar o equilíbrio entre trabalho e vida pessoal. Podemos usá-las como uma fonte de informação, fascínio e inspiração. Elas podem nos ajudar a relaxar e recuperar. Podem nos fazer rir e chorar. Podem nos dar a capacidade de forjar um propósito e um objetivo. Podem nos encorajar a desenvolver uma paixão e crença em causas e campanhas. Podem nos ajudar a aprender algo novo e aumentar nossa sabedoria. Podem desenvolver nossas habilidades e capacidades de trabalho, oferecendo um trampolim para o aprimoramento e o desenvolvimento de nossas carreiras. Podem nos oferecer apoio, companheirismo e um santuário quando necessitamos. Podem ser, como um de meus clientes uma vez se referiu a elas, "nossas amigas".

Este capítulo sobre fatores práticos concentrou-se em alguns dos aspectos finais e funcionais que impactarão nosso equilíbrio entre trabalho e vida pessoal. Como fazemos de nossa casa nosso lar, o que fazemos com ela e nela, terá um papel significativo no equilíbrio que criamos em nossa vida. Enquanto para a maioria a casa é separada e independente da vida profissional, para outros esses papéis se fundem no home office ou na iniciativa de abrir uma pequena empresa.

A administração do dinheiro e do orçamento financeiro nos dá o poder de escolher como gastamos nossa renda obtida com muito esforço. Nem sempre é fácil e nem sempre ele se equilibra da maneira correta, mas essa administração se tornará um determinante sobre as escolhas que podemos fazer para criar um equilíbrio bem-sucedido entre trabalho e vida pessoal. Desde que possamos saldar nossas dívidas e atender às nossas necessidades financeiras fundamentais e críticas, um equilíbrio entre trabalho e vida pessoal não precisa necessariamente ser liderado pelo dinheiro. Algumas das melhores coisas da vida são gratuitas: amor, risadas, amizades, família, felicidade, lembranças, experiências, conexões etc.

Algumas outras coisas na vida não são gratuitas, como seus dispositivos de tecnologia da informação e de comunicação, mas geralmente são acessíveis e podem contribuir para melhorar e aprimorar a forma como vivemos. O mesmo se aplica às mídias sociais, elas podem ser uma fonte para o bem ou para o maior procrastinador do mundo.

O equilíbrio entre trabalho e vida pessoal continua sendo uma jornada de escolhas. Não é papel deste livro dizer-lhe o que fazer; o objetivo é capacitá-lo a considerar suas opções e, armado com o máximo de informações que puder reunir, tomar a melhor decisão para você e sua situação. Ao encerrarmos este capítulo, o sistema de pontuação utilizado ao longo deste livro procura ajudá-lo a analisar sua própria avaliação de fatores práticos, onde existem lacunas e onde você pode encontrar oportunidades para agir e efetuar mudanças. No capítulo final, mais curto e resumido, reuniremos todas as notas de cada capítulo e obteremos a melhor imagem possível da saúde de seu equilíbrio entre trabalho e vida pessoal.

Estratégia "dar um jeito na vida": fatores práticos

O sistema da tabela a seguir aplica-se a cada tópico discutido neste capítulo e baseia-se em sua percepção pessoal sobre a presença de uma deficiência, um desequilíbrio ou uma necessidade... ou não. Todos são diferentes. Portanto, não há certo ou errado. Considere as lacunas que existem em você.

A pontuação usa um índice percentual para autoavaliação de 0-100%, com 0% referente a necessidades totalmente *não atendidas* e 100% equivalente a necessidades totalmente *atendidas*. Some os totais percentuais e divida-os pelo número de tópicos, para verificar a porcentagem deste capítulo. Ao fim do livro, terá um total percentual para cada capítulo, dando-lhe espaço para considerar onde precisa priorizar a ação.

Se algum tópico for irrelevante para você, ignore-o e reduza o número de tópicos que você dividirá.

Para visualizar melhor, trace um ponto no diagrama do radar (Figura 6.1) com a mesma escala percentual: 0% para necessidades totalmente não atendidas até 100% para necessidades totalmente atendidas. Você pode, então, unir os pontos para formar um radar de auditoria de necessidades. Este método lhe dá uma pista visual que ajudará a identificar as lacunas em suas necessidades.

	Tópicos	**Porcentagem de necessidades atendidas atualmente %**
1	Ambiente doméstico	
2	Home office	

	Tópicos	Porcentagem de necessidades atendidas atualmente %
3	Gerenciamento de seu próprio negócio	
4	Dinheiro e finanças	
5	TI e comunicações	
6	Gestão das mídias sociais	
Pontuação total para o Capítulo 6 (de 600%): "Fatores práticos"		
Divida essa pontuação total por **6**		
Pontuação percentual total (de 100%) para o Capítulo 6		

Figura 6.1 Fatores práticos

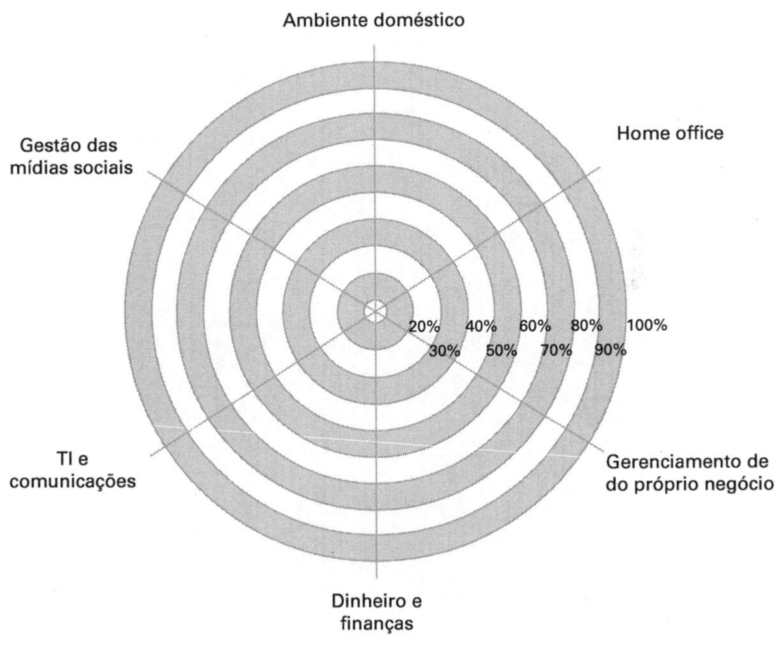

07
Pondo os pingos nos "i"s

Nos seis capítulos anteriores, experimentamos uma variedade de ingredientes que compõem a receita de equilíbrio entre trabalho e vida pessoal. Cada capítulo concentrou uma fatia particular da torta. Agora, colocamos os pingos nos "i"s e avaliamos o resultado final.

Resumo dos capítulos

Criar um equilíbrio bem-sucedido entre trabalho e vida pessoal requer que consideremos opções, avaliemos prioridades e necessidades, depois tomemos decisões e escolhas sobre como queremos ou precisamos viver nossa vida. Equilíbrio entre trabalho e vida pessoal é uma questão fluida, as coisas estão se movendo o tempo todo. As diversas influências estão esbarrando umas nas outras como átomos — algumas de uma boa maneira, mas outras podem gerar conflitos. Haverá momentos nos quais sentiremos que temos opções limitadas sobre questões fora de nosso controle.

No entanto, temos capacidade de controlar como pensamos, sentimos ou agimos. É nesses aspectos que precisamos administrar as questões ou mudá-las para áreas nas quais podemos assumir a responsabilidade. Poucas coisas permanecem estáticas por muito tempo, e a única constante em que podemos confiar é que a mudança acontece o tempo todo. Precisamos trabalhar com ela, não contra ela.

Se você estiver lendo este livro na ordem dos capítulos, classificando-se à medida que foi avançando, agora — terá a oportunidade de traçar suas pontuações com base no fim de cada capítulo. Aqui você pode começar a ver onde seu equilíbrio entre trabalho e vida pessoal está fluindo naturalmente ou onde as lacunas estão começando a surgir.

Pontuação do equilíbrio trabalho-vida pessoal

Falamos dos seguintes temas:

- Desenvolvimento pessoal.
- Pessoas.
- Questões profissionais.
- Produtividade e desempenho.
- Bem-estar físico e psicológico.
- Fatores práticos.

Olhe para cada capítulo e acrescente suas pontuações percentuais aos espaços fornecidos a seguir. Em seguida, adicione os totais para obter uma pontuação total na tabela a seguir:

Capítulo	Tema	Porcentagem de pontuação (%)
1	Desenvolvimento pessoal	
2	Pessoas	
3	Questões profissionais	
4	Produtividade e desempenho	
5	Bem-estar físico e psicológico	
6	Fatores práticos	
Pontuação total		

Você também pode usar as pontuações para mapear sua verificação geral de trabalho-vida pessoal. Isso lhe dará uma referência visual e permitirá identificar tendências (Figura 7.1).

Figura 7.1 Ponto os pingos nos "i"s

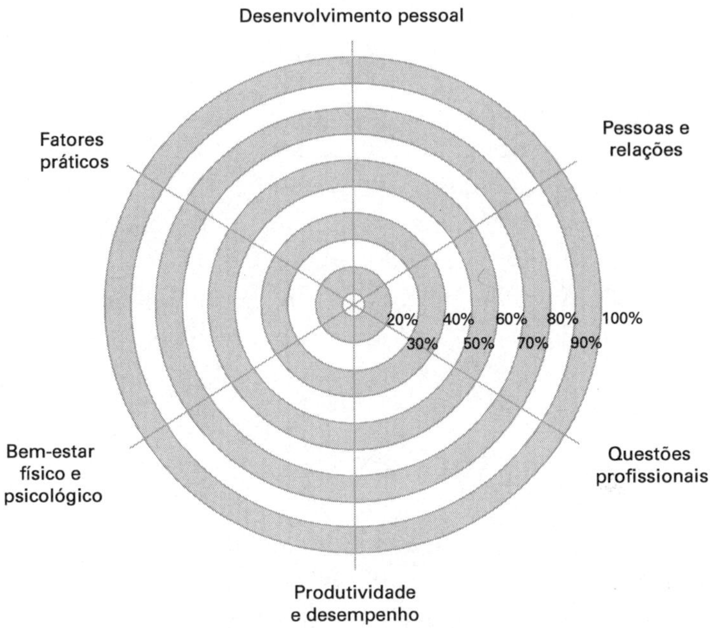

Você poderá ver na figura onde tem notas mais altas e mais baixas. Sua nota total representa sua classificação geral de equilíbrio trabalho-vida pessoal hoje. Então, pergunte-se:

- Esses foram os resultados que você esperava ou algum deles o surpreendeu?
- O que as altas pontuações lhe dizem sobre como está satisfazendo suas necessidades de equilíbrio entre trabalho e vida pessoal?
- Você consegue identificar alguma razão para as notas mais baixas?

Em ambas as ferramentas, é importante lembrar que não há pontuação certa ou errada. É impossível que qualquer um de nós pense que já tenha o equilíbrio entre trabalho e vida pessoal perfeito. É por isso que esse é um desafio tão grande e sempre temos a oportunidade de fazer as mudanças necessárias.

Equilibrando trabalho e vida pessoal

Quando tiver considerado essas pontuações, o próximo passo será pensar a melhor maneira de fazer as mudanças:

- Você se concentrará primeiro nas áreas com as notas mais baixas, ou em aspectos de seu equilíbrio trabalho-vida pessoal que serão mais fáceis de melhorar do que outros?
- Como pode manter o sucesso do equilíbrio trabalho-vida pessoal, em vez de permitir que eles se percam?
- Existe algum conflito ou obstáculo que possa ter impacto na melhoria ou na manutenção dessas pontuações?

Resumo dos tópicos dos capítulos

Embora os temas dos capítulos tenham sido desenvolvidos para agrupar melhor os vários segmentos e questões discutidos dentro deles, você pode descobrir mais oportunidades de melhoria investigando setores mais específicos. Por essa razão, desenvolvi mais um recurso único.

Fiz referência a alguns gameshows da televisão britânica: *Blockbusters* e *Through the Keyhole*. Para minha terceira e última inspiração, vou me referir a outro extremamente popular: *Roda a roda*, originalmente apresentado por Merv Griffin como *Wheel of Fortune* [*Roda da fortuna*, em tradução livre] nas redes de TV estadunidenses em 1975. Os participantes giram uma roda enorme e ganham prêmios com base nos valores monetários ou pontos que a seta aponta quando a roda para.

Adaptei esse modelo para um propósito de equilíbrio entre trabalho e vida pessoal. Mas em vez de chamá-la de nossa roda da fortuna, acho que é muito mais adequado apresentá-la como sua roda do futuro.

A Roda do Futuro (Figura 7.2) inclui os principais tópicos dos seis capítulos deste livro, que estão listados a seguir.

Olhe para esses segmentos e considere os aspectos específicos do seu equilíbrio entre trabalho e vida pessoal que precisam de atenção.

Escolha uma ou duas para começar e pense nas seguintes perguntas:

- Qual foi sua pontuação inicial neste tópico?
- Você consegue identificar as razões específicas para essa pontuação?
- Tem um objetivo final de melhorar e manter esse aspecto do seu equilíbrio entre trabalho e vida pessoal?
- Que decisões e ações precisa tomar para alcançar esse objetivo?

Figura 7.2 Roda do Futuro do equilíbrio trabalho-vida pessoal

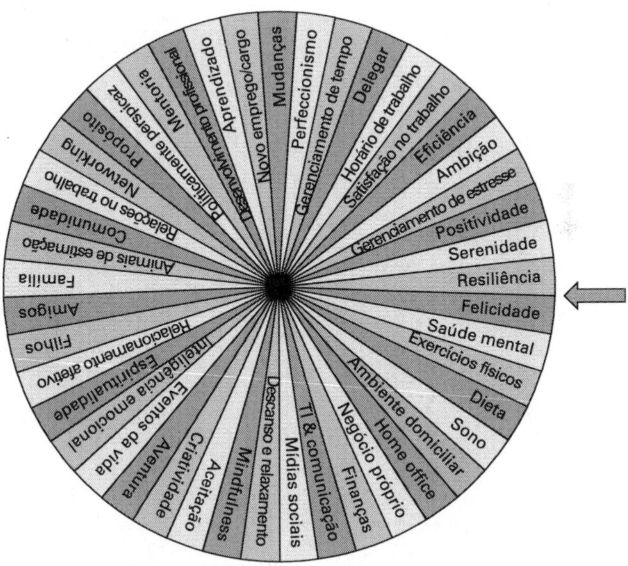

1. Desenvolvimento pessoal

Descanso e relaxamento
Vivendo no momento presente
Aceitando situações
Criatividade pessoal
Aventura e entusiasmo
Gerenciar eventos da vida
Inteligência emocional
Espiritualidade, fé e religião

2. Pessoas e relacionamentos

Parceiro
Filhos
Amigos
Família
Animais de estimação e animais em geral
Comunidade
Relações de trabalho
Networking

3. Questões profissionais

Propósito e significado no trabalho
Ser politicamente perspicaz
Mentoria e orientação
Desenvolvimento profissional
Conhecimento e aprendizagem
Nova função ou emprego
Lidando com a mudança
Perfeccionismo

4. Produtividade e desempenho

Gerenciamento do tempo
Delegação

Horário de trabalho
Satisfação no trabalho
Eficiência pessoal
Gerenciamento da ambição

5. *Bem-estar físico e psicológico*

Gestão do estresse
Pensamento positivo
Serenidade
Resiliência
Felicidade
Saúde mental
Exercício
Nutrição e dieta
Sono

6. *Fatores práticos*

Ambiente doméstico
Trabalhando de casa
Gestão de seu negócio próprio
Dinheiro e finanças
TI e comunicações
Gestão das mídias sociais

Melhorando seu equilíbrio trabalho e vida pessoal

O equilíbrio entre trabalho e vida pessoal é a roda do seu futuro. Ele mudará o tempo todo, e o grau de sucesso que você perceberá será determinado pela forma como ele evolui, desenvolve-se e melhora no futuro.

Retorne a essas ferramentas e sistemas de pontuação regularmente: todos os meses, a cada trimestre ou no intervalo que melhor lhe convier. Avalie se as mudanças que você fez foram bem-sucedidas. Identifique quaisquer áreas novas ou contínuas para melhorias. Celebre quaisquer conquistas ou novas oportunidades que *você* tenha aproveitado.

Onde ou como quer que você comece sua jornada para criar um equilíbrio bem-sucedido entre trabalho e vida pessoal, por favor, conforte-se com o entendimento de que, ao ler este livro... você já começou.

APÊNDICE

Recursos

Muito do que tem sido publicado gira em torno de fazer escolhas sobre como usamos nosso tempo para conciliar as exigências em nosso trabalho e vida. Se tivermos dificuldades ao tentar fazer isso sozinhos, pode ser bom conversar com alguém. Em alguns casos, podemos nos beneficiar ou precisar de outras fontes de informação e apoio.

Os seguintes recursos podem ser úteis para você.

NOTA: Os seguintes recursos são fornecidos de boa-fé e apenas para fins informativos. Eles não constituem endosso ou aprovação do autor ou da editora. Aconselhamos pesquisar e considerar suas próprias demandas a fim de identificar os recursos que melhor atendam às suas necessidades. A editora não se responsabiliza pelas consequências ou pelo acesso a qualquer um dos links ou fontes a seguir.

Apoio em caso de crise

Não há problema em não se sentir bem. Se você estiver passando por momentos difíceis ou se encontrar em uma situação de crise, por favor, procure apoio — de amigos e familiares, do programa de assistência aos funcionários de sua organização, de um terapeuta ou consultor treinado, ou de um desses serviços indicados:

- Conselho Federal de Psicologia (pesquisa de instituições de apoio) — https://cadastrosite.cfp.org.br/cadastro/siteAprovado.cfm?frompage=1&StartRow=1&comboEntidade=

- Lista de hospitais-escolas (em São Paulo) — https://www.sedes.org.br/Departamentos/Psicanalise/arquivos_comunicacao/Clinicas-Escolas%20novo%20(e-mail)%20E-mail.pdf
- Centro de Valorização da Vida (CVV) — https://www.cvv.org.br/
- Helpline — https://helpline.org.br/helpline
- Mapa do Acolhimento — https://www.mapadoacolhimento.org/
- Eyhe Suporte Emocional — https://www.eyhe.com.br/
- Aplicativo Querida ansiedade (iOS e Android)
- Telefones de emergência nacionais — 190 (polícia militar) / 193 (corpo de bombeiros) / 180 (atendimento para violência contra a mulher)
- Disque 100 — O Disque 100 funciona diariamente, 24 horas por dia, incluindo sábados, domingos e feriados. O Disque 100 recebe, analisa e encaminha denúncias de violações de direitos humanos.

Finanças pessoais

Uma gestão eficaz do dinheiro vem do conhecimento de sua situação atual e da busca de conselhos de especialistas quando necessário, para que você tenha o controle total de suas finanças pessoais. Por favor, considere contatar um consultor financeiro independente. Você também pode encontrar os seguintes recursos:

- Sebrae — https://www.sebrae.com.br/sites/PortalSebrae/ufs/es/herdado/consultoria-em-financas,78c0aea3fcf9d510VgnVCM1000004c00210aRCRD
- Modelo de planilha de orçamento pessoal e familiar gratuito — https://ninjadoexcel.com.br/planilha-de-orcamento-pessoal-e-familiar/

Dificuldades nos relacionamentos

Se *você* estiver passando por dificuldades em seu relacionamento, consultar-se com um terapeuta independente pode ajudar você e os envolvidos:

- Namoro Legal — http://www.mpsp.mp.br/namorolegal/
- Grupo de Orientação aos Descasados (Godes) — http://godes.com.br/
- Centro de referência em assistência social — https://www.gov.br/cidadania/pt-br/acesso-a-informacao/carta-de-servicos/desenvolvimento-social/assistencia-social/cras-centro-de-referencia-em-assistencia-social-1

Apoio ao luto

- Grupos de Apoio a Luto On-line, blogs e redes sociais — Lista do site URNAS DE ANGELI — https://www.urnasdeangeli.com.br/lidando-com-perda/apoio-luto/
- Temos que falar sobre isso — https://temosquefalarsobreisso.wordpress.com/
- Mães para sempre — https://www.facebook.com/maesparasempre/
- SobreViver — https://www.facebook.com/gruposobreviver
- Do Luto à Luta: Apoio à Perda Gestacional e Neonatal — https://www.facebook.com/cuidadocomaperdagestacionaleneonatal/
- Acalmando Corações — https://www.facebook.com/groups/acalmandocoracoes/
- Silêncio da Luz — http://www.silenciodaluz.com.br/
- Apoio a Perdas Irreparáveis (API) — http://www.redeapi.org.br/

Recursos de aconselhamento

- Psicologia ao vivo — http://psicologiaaovivo.com.br/site/index.php/typography/
- Sindicato dos Psicanalistas do Estado de São Paulo — https://www.sinpesp.com.br/clinica-ana-joaquina
- Relações Simplificadas — https://www.relacoessimplificadas.com.br/
- A chave da questão — https://www.achavedaquestao.com/

Recursos de coaching

- International Coach Federation - Brasil Charter Chapter — https://www.icfbrasil.org/credenciamento-individual
- Instituto Brasileiro de Coaching — https://www.ibccoaching.com.br/sobre-o-ibc/credenciais/
- Febracis - Coaching Integral Sistêmico — https://febracis.com/

Prestadores de assistência aos funcionários

- Associação dos Funcionários Públicos Unidos do Brasil — https://www.afpb.com.br/
- Associação dos Funcionários Públicos do Brasil — https://www.afpb.com.br/
- Associação dos Servidores Municipais, Estaduais e Federais do Rio de Janeiro — https://www2.assist.org.br/
- ASSPESP — http://www.asspesp.com.br/

Conselhos, dicas e ferramentas para viver bem

- Saúde Brasil — https://saudebrasil.saude.gov.br/
- Guia Alimentar para a população brasileira — http://bvsms.saude.gov.br/bvs/publicacoes/guia_alimentar_populacao_brasileira_2ed.pdf
- Saúde sexual e reprodutiva — http://bvsms.saude.gov.br/bvs/publicacoes/saude_sexual_saude_reprodutiva.pdf

- Parar de fumar — https://www.paho.org/bra/index.php?option=com_content&view=article&id=5641:folha-informativa--tabaco&Itemid=1097
- Apoio ao controle no consumo de álcool — https://cisa.org.br/

NOTAS

Capítulo 2: Pessoas

1 Hughes, RM.; Kinder, A. e Cooper, C. *The Wellbeing Workout: How to Manage Stress and Develop Resilience.* Londres: Palgrave Macmillan, 2019.

2 Mubanga, M.; Byberg, L.; Nowak, C.; Egenvall, A.; Magnusson, P. K.; Ingelsson, E.; e Fall, T. "Dog ownership and the Risk of Cardiovascular Disease and Death: A Nationwide Cohort Study", *Scientific Reports*, 17 nov. 2017. Disponível em: www.nature.com/articles/s41598-017-16118-6 (Arquivado em: https://perma.cc/7H46-HX63). Acesso em: 10 ago. 2020.

3 Office for National Statistics. *Changes in the Value and Division of Unpaid Volunteering in the UK: 2000 to 2015.* Office for National Statistics. Londres, 16 mar. 2017. Disponível em: www.ons.gov.uk/economy/ nationalaccounts/satelliteaccounts/articles/changesinthevalueanddivisionofunpaidcareworkintheuk/2015 (Arquivado em: https://perma.cc/ WQ6Y-G2CR). Acesso em: 10 ago. 2020.

4 Carers UK *Facts and Figures*, 2019. Disponível em: www.carersuk.org/news-and-campaigns/press-releases/facts-and-figures (Arquivado em: https://perma.cc/6BUQ-Z2GN). Acesso em: 10 ago. 2020.

Capítulo 4: Produtividade e desempenho

1 Saragosa, M. "Could Your Firm Move to a Four-Day Week?", BBC News Business, 5 maio 2019. Disponível em: www.bbc.co.uk/news/business-48125411 (Arquivado em: https://perma.cc/T7AS-ESJK). Acesso em: 13 ago. 2020.

2 Sainsbury Centre for Mental Health. *Mental Health at Work: Developing the Business Case.* Policy Paper 8, Sainsbury Centre for Mental Health, Londres, [s.d.].

3 Mischel, W. *O teste do marshmallow: por que a força de vontade é a chave do sucesso*. Rio de Janeiro: Objetiva, 2016.
4 Cirillo, F. A. "Técnica Pomodoro", [s.d.]. Disponível em: francescocirillo.com/pages/pomodoro-technique (Arquivado em: https://perma.cc/69GS--X277). Acesso em: 14 ago. 2020.
5 Csikszentmihalyi, M. *Flow: The Psychology of Optimal Experience.* Nova York: Harper Perennial, 2007.

Capítulo 5: Bem-estar físico e psicológico

1 Yerkes, RM. e Dodson, JD. "The Relation of Strength of Stimulus to Rapidity of Habit-Formation", *Journal of Comparative Neurology and Psychology*, v. 18, n. 5, p. 459-82. 1908.
2 Kabat-Zinn, J. *Be You Fully*: *Body scan exercise*, 2017 [video on-line]. Disponível em: www.youtube.com/watch?v=15q-N-_kkrU&feature= youtu.be (Arquivado em: https://perma.cc/PAR7-GS83). Acesso em: 15 ago. 2020.
3 Nietzsche, F. *Twilight of the Idols*. R. J. Hollingdale (ed./tr.). Penguin: Nova York, (1889/1986).
4 Tedeschi, RG. e Calhoun, LG. *Trauma and Transformation: Growing in the aftermath of suffering*. Thousand Oaks, CA: Sage Publications, 1995.
5 NHS England. *Mental Health Five Year Forward View Dashboard*, 2019. Disponível em: www.england.nhs.uk/mental-health/taskforce/imp/mh-dashboard/ (Arquivado em: https://perma.cc/4PUH775T). Acesso em: 15 ago. 2020.
6 McManus, S.; Meltzer, H.; Brugha, TS.; Bebbington, PE; Jenkins, R. *Adult Psychiatric Morbidity In England, 2007: Results of a household survey*, 2009. NHS Information Centre for health and social care.
7 Mental Health Foundation. *Suicide*, 2018. Disponível em: www. mentalhealth.org.uk/a-to-z/s/suicide (Arquivado em: https://perma.cc/G5M-8-623V). Acesso em: 15 ago. 2020.
8 World Health Organization. *Physical Activity and Adults*, [s.d.]. Disponível em: www.who.int/dietphysicalactivity/factsheet_adults/en/ (Arquivado em: https://perma.cc/VTR8-9TRH).

Sucessos

UBK
Publishing House

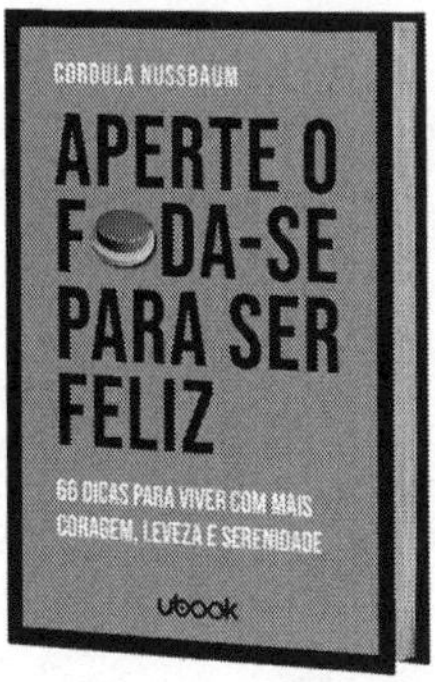

Aperte o foda-se para ser feliz

Medo de falhar? Perfeccionismo? Estresse antes do café da manhã? Cordula Nussbaum ensina a mandarmos um decisivo "VSF!" a tudo o que nos atrapalha a conquistar o que queremos na vida.

Mas o que é VSF? Muitos conhecem a sigla para "vai se...". Mas você também pode usar sua própria interpretação:

Valorize-se e saiba se desapegar.
Se apaixone. A paixão movimenta a rotina.
Foque em desfazer padrões, respire.

Como dormir melhor, lidar com os medos e preocupações, aprender com os erros, combater a síndrome do impostor e até respirar! Nessas 66 dicas simples e diretas, Cordula nos ensina a fazer nosso próprio caminho. Não importa se queremos seguir pela autoestrada ou pegar um atalho para observar as paisagens do campo, a ideia é mandar um alto e claro "VSF!" e aproveitar a viagem.

Realize mais: o guia para alcançar o sucesso

Em Realize mais, Shiv Khera apresenta os preceitos que devem ser seguidos não apenas para que você possa alcançar o sucesso, mas também para evitar os erros que podem afetar sua jornada até a realização. Apresentando modelos e exemplos simples, Khera demonstra que nós nos aproximamos cada vez mais da excelência ao aplicar esses princípios universais com autodisciplina, compromisso e atitude positiva.